国語教育は文学をどう扱ってきたのか

幸田国広 著

大修館書店

まえがき

みなさんは、国語の授業でどんなことを学んだか覚えていますか。大学で教えている学生に聞くと、「スイミー」「ごんぎつね」「少年の日の思い出」「羅生門」「こころ」といった教材の名前が出てきます。他には、漢字の書き取りや古文の暗唱、入試の過去問練習等です。一方で、あまり覚えていない、特になし、という回答も少なくありません。学校を卒業してしまうと、国語という教科の学びはおぼろげな記憶になってしまうのでしょうか。

二〇一七・一八年の学習指導要領改訂を機に、めずらしく国語という教科に関する関心が高まりました。高等学校の科目構成が大きく変更になり、「資質・能力」の枠組みによる新科目のあり方や文学の扱いをめぐって批判の声が多方面から聞こえるようになりました。よく話題に上る英語科や社会科ではなく、国語科が世間一般から注目されるのは、国語教育に関わる者としてはうれしいことです。一方で、あまりにも単純化した議論には疑問を感じることも少なくありませんでした。

実はその件で、高校生Aさんからメールをもらいました。私は、かなり長文の返事を書きました。しばらくして、彼から疑問や誤解が解けたと返信がありました。その上で、教室で文学といい出会いができるにはどうしたらいいか、よかったら教えてほしいと要望がありました。

歴史を知ることは、未知との出会いです。それはかなりスリリングなことだと思います。私たちは、現在を当たり前のもののように受け止めがちですが、どんなことにもその来歴があり、長い時間をかけて土台が形成され、「今」があります。その時間の蓄積に視点を置くとき、当たり前を問い直す眼が与えられます。国語教育という誰もが経験や記憶の中にある顔見知りが、初めて会った別人のように見えることもあるのです。本書を読む前に、あらためて国語とは何を学ぶ教科なのかと自問自答してみてください。

国語教育の歴史、中でも戦後の歴史はこれまでも多く語られてきました。そして、その主人公には文学教育が据えられることも少なくありませんでした。戦後文学教育史研究のすぐれた成果として、『戦後文学教育方法論史』（浜本純逸）、『戦後国語教育問題史』（田近洵一）等を挙げることができます。私たちの世代は、これらの大著に学びながら研究をスタートさせてきました。本書では、こうした著作で論じられてきた、国語教育研究者にとってはいわば常識となっていることも、必要に応じて取り上げることにしました。若い人や一般の人たちにとっては初耳のことも多いと思うからです。例えば、「問題意識喚起の文学教育」や、「状況認識の文学教育」などと聞いても、何のことやら、でしょう。

＊

ただ、国語教育の歴史は文学教育だけでは語れません。作文教育もあれば、音声言語教育、文法教育などもあります。戦後の文学教育運動も、国語科や教育課程全体との関係を考えることで高まっていきました。「言語の教育」である国語教育は、何を教えてきたのか――もちろん、その全体像を描くのは難しいことですが――、本書では戦後国語教育の展開過程を構造的に捉え直し、文学の扱われ方について解釈し直してみたいと思います。

また、これまでの国語教育史は文学教育が元気だった一九七〇年代の半ばまでで止まっていました。国語教育の現在、そして、未来を展望するためには、一九八〇年代以降の現代史をきちんと跡づける必要があります。現在の国語教育の課題の多くは、今の形が出来上がった一九八〇年代の課題がそのまま持ち越されたものだからです。そこで、本書は一九四五年から二〇一〇年代半ばまでを歴史記述の対象として、国語教育における文学の扱いに焦点を当てます。

第一章では、戦後初期の言語教育・文学教育論争に焦点を定め、占領下に進められようとした新しい国語教育の方向性を取り上げます。また、この中では近代国語教育の展開を西尾実の歴史区分に沿いながら振り返ります。戦後初期という時間が、「これまで」と「これから」とが激しくぶつかり合う、教育史上の画期となったことを浮かび上がらせていきます。

第二章では、一九五〇年代の国語教育の特徴を、文学鑑賞による人間形成論を軸に描き出します。文学とは何かを論じ、すぐれた文学の「鑑賞」を謳う文学論教材がどのような機能を持っていたのか、「文学編」「言語編」分冊教科書がどのような意図を持って登場し、それらがどのように受け止められたのか等を明らかにしていきます。

第三章は、一九五〇年代から一九六〇年代にかけて活性化した文学教育運動の旗印として、多くの民間教育研究団体が掲げた文学科独立論を取り上げます。また、当時の代表的な文学教育論の特徴を明らかにします。一方、一九六〇年代には「鑑賞」に変わって「読解」が前景化します。時代の転換点にあって、人気教材となっていく「走れメロス」の教科書採録史からはそのことが鮮明に浮かび上がります。

第四章は、読解指導が国語の教室を席巻していく一九七〇年代までを扱います。今日、定番教材と呼ばれている文学教材群がいかにして人気教材となっていくか、「羅生門」を例にその動態を確認します。高度経済成長とともに確立した、今日の国語科像や慣習性の土台がどのように形成されたのかに注目してください。

第五章では、一九八〇年代から一九九〇年代の国語教育を取り上げます。昭和から平成へと切り替わったころ「定番教材」という用語も生まれます。多方面から読解指導の問題点が指摘され、学習者の関心・意欲を含む能動的な学びへと教育の軸が移っていく中で、国語単元学習が復活の狼煙を上げます。

第六章は、二〇〇〇年以降、教育をめぐる国際的な潮流、表現力、思考力といった汎用的能力の重視が、言語能力育成の要としての国語科を要請していく様子を詳述します。特に、ＰＩＳＡの読解力調査やリーディングスキルテスト（ＲＳＴ）から見えてきた諸課題は、これまでの読解指導からの脱皮が求められていることを意味しています。こうした中で、「これから」の国語科や文学の教育のあり方について展望を示します。

＊

本書が主な読者対象としているのは現職の先生や教職を目指している学生ですが、広く一般の方にも興味を持って読んでもらえるように、できるだけ平易に、わかりやすく書いたつもりです。本書はまた、Ａさんの問いかけへの応答でもあります。お返事をするのにずいぶん時間がかかりました。どうかご容赦ください。

本書によって、国語教育の今と「これから」を語る議論がより充実したものになるならば、これ以上の喜びはありません。

著者　幸田国広

目次

第一章　戦後初期の国語科は何を目指したのか

――言語教育という黒船――

（1）言語教育VS文学教育？

歴史の海へ

国語教育の中で文学はどう扱われてきたのか――。

これから私たちは長い航海へと旅立つことになる。時間を遡り、歴史の大海原へと船出しよう。航路の波はけっして穏やかではないが、うまく舵を取って、再び「今、ここ」に戻ってきたいと思う。

国語教育という大海原を私たちはよく知っている。小学校から高等学校まで、国語の授業とは十二年も付き合ってきた。知らないはずはない。ところが、あらためて見つめ直そうとすると、途端にその輪郭はぼやけてくる。国語科とは何を学ぶ教科なのか。いつ頃から今のような姿となったのか。そして、その航路にはどのような起伏があったのか。謎に満ちた歴史の海は、未知の航路といってもいいだろう。どんな荒波が待ち受けているかわからないが、未知の旅路だからこそ、また様々な発見も期待できる。「今、ここ」に戻った暁には、きっと「当たり前」のように見えた国語教育の姿も少し違った相貌を見せることだろう。

まずは戦後を代表する二人の国語教育人が、文学教育の位置付け等をめぐって論争を繰り広げていた時期からスタートしよう。その二人は戦後の国語教育思潮に深く関わっており、教育実践に多大な影響を与えた。戦後間もなくの日本は、焼け野原から新たにどのような国語教育を打ち建てようとしていたのだろうか。その論争からは、この頃のビジョンが見えてくる。「それまで」と「これから」がぶつかり合う戦後まもなくの時代の波は高く荒いが、それだけ全体を見渡せる高みへと私たちを誘ってくれる。

敗戦により日本は国家としてのあり方を大きく転換することになった。そのとき、民主主義という新たな錦の御旗を掲げる上で避けて通れない大問題が教育の刷新だった。それまでの天皇を中心とした国家づくりに寄与する臣民育成の教育から、個人と平和を尊重する民主的な人格の完成を目指す教育へと転換すること。このことは日本という国家が生まれ変わることとほとんど同義だった。

占領軍＝アメリカが持ち込んだ方針は、学習者中心の経験主義教育観と呼ばれるものだ。これはデューイ（John Dewey 一八五九～一九五二）やキルパトリック（William Heard Kilpatrick 一八七一～一九六五）といったアメリカの進歩的な教育学者の考えに基づく、「為すことによって学ぶ」教育観のことだ。これについては少し解説しておこう。

「教えること」と「学ぶこと」とは、同義ではない。教師が教えた気になっていても、子どもが教師の想定通りに学んでいるとは限らない。それどころか、子どもは教師が教えていないことも学んでいる場合もある。教えることと学ぶこととは、同じことのように見えても実は非対称なのだ。

さらにいえば、本来、学びが成立しなければ教育の目的は達成されないはずなのだが、私たち教師は、「教える」ことをもって教育が完結したと思いがちだ。いかに子どもが学ぶかにこそ教育の本質や課題があり、現実の生活に対する子どもの興味・関心から学びを組織していくという理念が、経験主義教育観の根っこにある。明治以来の日本の教育は、教師がいかに効率よく教えるかに最大の眼目があったため、思考の枠組みを大転換しなければならなかったのだ。

国語教育でも、戦前の、国語読本や国文読本を使って名文・美文を教授する授業のあり方を改め、日常生活・社会生活の中の課題を取り上げて、話したり、書いたり、読んだりする言語経験を与えることへと変わることが求められた。こうした言語教育としての方針は、焼け野原の、何もない教室から手探りで教育を再開しようとしていた教師たちに大きな衝撃を与えた。当然のことながら教師は皆、戦前の国語教育しか知らない。伝統的な国語の授業を普通に行うことすら困難な環境の中で、「教科書の内容をただ教えるのではない。これからは言語教育を！」と言われても、何をどうすればいいのかよくわからないのが本音だっただろう。

時枝・西尾論争

ときは一九四九年。敗戦からまだ四年しか経っていない、戦後まもなくの頃である。全国の国語教師たちが集まって、これからの新しい国語教育のあり方について話し合う研究集会が開催されていた。その会場で、質疑応答の時間にひとりの中学教師が次のように発言した。

主として時枝先生にお願いします。従来の国語教育があまりに文学教育であったから、最近はその反動として言語教育が唱えられて来た傾向にある。ところが、それは反動的であってあまりにその面に偏しすぎている。文学教育も忘れてはならないという御趣旨であったようであります。それで、なんだか分かったような分からないような気がするのですが、私どもはそれをはっきりして国語教育の目標としたいので、また言語教育の指導として、話すこと、読むこと、聞くこと、作ること、がありますが、今のことは文学教育との二つの面が考えられるのであります。言語教育そのものは言語教育としてやって行ける。一面にまた文学教育も忘れてはならないと考えていけばいいのでしょうか。[1]

当日の研究集会では第一議題に「言語教育と文学教育との問題」に関する講演が行われていた。[2]しかし、おおかたの現場の教師にとってその内容は難解であり、にわかには理解しがたいものと思われたはずだ。中学教師の混乱ぶりが正直に吐露された発言だった。また、言語教育のイメージが話し合いや発表といった学習活動として受け止められており、教育内容としての内面的な深みに欠けるものとして捉えられていた。そのため、戦前の国語教育の中心だった文学教育を対置することで、人間形成や内面の拡充といった「欠落」を補おうという論調が高まりを見せ始めていた。

おそらく会場では、この教師の発言に多くの共感が寄せられ、質問の行方が注視されていたはずだ。言語教育と文学教育の両者は別々のものと考えるべきなのか、それとも一つのものとして考えていけばいいのか。これからの国語教室の指針を明確につかみたいとの思いは、当日の講師の一人である時枝誠記（一九〇〇〜一九六七）に向けられた。

時枝は、言語は主体の表現行為・理解行為の過程そのものであるとする言語過程説や、単語を「詞」と「辞」にわける独特の文法観で知られる国語学者であり、国語教育に関しても積極的な発言を行っていた。時枝からの回答は次のとおりである。

> 私は言語作品――論文とか随筆とかいった言語作品というものと文学作品というものとは根本的に違ったものではないという考えに立っております。一般に文学は言語とは別のもののごとくに考えられておりますが私はどうもそれが適切ではないと思う。文学は言語である、言語のあるものが文学といわれているのに過ぎないのである、と考えるのであります。これを家屋の場合に例をとって見ますと、いわゆる美術として国宝などに指定されている平等院とか法隆寺とかの美術的な建築物も、それからわれわれの住宅も、建築物という基本においては少しも変わりはないのでありまして、文学と言語との関係も同様であると私は考えております。[3]

このように、時枝は建築物に喩えながら、言語と文学とは本質論の観点から区別しないと返答した。「私は文学教育とは言語教育と区別しないで考えるのでありまして、言語を正しく理解して行くところに自ら文学教育が成就されて行くと考えます」というのが、時枝の考えだった。確かに文学も言語であり、言語以外のものではない以上、両者を区別して教育する必要もないように思える。国語科で扱う教材は、小説や詩以外にも論説や評論、随筆と様々なものがあるが、指導の仕方は結局どれも大きくは変わらないとすれば、「言語作品」を「正しく理解」するという意味では、なるほど、時枝の考えは一理あると認めないわけにはいかない。時枝は、「正しく理解」するのための言語の訓練を行う教科として国語科を考えていた。

西尾実からの反論

ところが、時枝のこの発言に対して真っ向から異論を唱えた人物がいた。当日の講師の一人、西尾実（一八八九〜一九七九）である。西尾は国文学者だが、国語教育についても戦前から強い影響力・発信力をもっており、国語教育学の樹立に向けて斯界をリードしていた一人である。

> 国語教育の現段階では、新たに言語教育をとりあげてきたので、この言語教育の徹底のためにも、文学教育を言語教育から独立したものとして考えることが必要だと思います。そこに日本の国語教育の歴史的必然があるとも言えないことはないと思います。[4]

時枝の一元論に対して、西尾は、文学教育を国語教育における「特殊領域」として認めるべきだ、という主張で対抗する。時枝の立論の根拠が言語の本質論にあったのに対して、西尾は国語科の教科構造に軸足を置いたものだった。[5] ここで注意したいのは、西尾は言語教育を否定し、国語科の本質は文学教育だと言ったのではないということだ。この論争は単純な二項対立ではない。また、西尾の考えの背景には、時枝とは異なる言語観と、もう一つ、近代国語教育に対する明確な歴史観があった。日本の国語教育の歴史から見たときに、今、文学教育と言語教育とを同一視することは時代に逆行するという思いがあった。「言語教育の徹底のためにも」という目的性の担保、「現段階では」という留保がそれを物語っている。

その歴史について申しますと、まず、語学教育思想が国語教育を支配し、それが国語教育を行きつまらせたのであります。つぎには、文学教育が国語教育の総てだというふうに考えられ、それが国語教育を行きつまらせました。近年それを脱して言語教育が見出されました。[6]

戦後のスタート地点で言語教育がクローズアップされたのは、単に占領軍アメリカが持ち込んだものという外発的な要因だけではなく、日本の国語教育の発展史から見ても内的必然性があると西尾は考えていた。実際、西尾は一九三〇年代に言語活動主義と銘打ち、話し言葉の教育を国語教育の「地盤領域」として見出している。[7] 日常生活に必要な話し言葉の教育を地盤に、読み・書き能力の指導を発展段階に置き、文学や哲学といった言語文化を完成段階に位置付けるという構造図を描いていた。一九三〇年代にはこうした言語教育としての国語教育を見直す動きが胎動し、当時の国語教育理論と実践に存在感を強めていた。例えば、一九四一年成立の国民学校で、音声言語教育が実践されていたことは、少国民育成、国民精神の育成というイデオロギーを別とすれば、近代国語教育の先進的な位置に話し言葉の教育が位置付けられつつあったことを意味する。戦後、民主主義を目指すようになって話し言葉や話し合いが注目されたが、それは一面の見方に過ぎず、国語教育の発展と課題という意味では戦前からの連続性を示すものでもあったのだ。

西尾が描く、近代国語教育の歴史区分は次のようなものだった。

語学教育的各科教授法適用期（明治初年から末年まで）
文学教育的教材研究期（明治末年から昭和十年頃）
言語教育的学習指導期（昭和十年頃から現在（昭和二四年現在：引用者注）[8]）

「言語教育的学習指導期」に位置付けられている時枝との論争時点で、文学教育を「特殊領域」に位置付けたいとする西尾の発想には、大正期の「文学教育的教材研究期」とはまた異なる文学教育がイメージされていた。文学教育そのものの刷新だ。そうであれば、「国語教育の現段階」とはどのような歴史的地点だったのかを私たちは知らなければならない。

国語教育は文学をどう扱ってきたのか。本書の問題意識を追求するために、まずはこうした国語教育の変遷をアウトラインとして手にする必要がある。明治五年の学制発布に始まる日本の近代公教育が開始されてからの国語教育の歩みを、しばらくは、西尾の描いたこの発展史を手がかりとして辿ってみることにしよう。

(2) 近代国語教育の歩み

「国語」はまだない

日本の国語教育がなぜ「語学教育的各科教授法適用期」と称されるようなものとして始まったのか。その理由を一言でいえば、まだ「国語」がなかったから、ということになるだろう。国語がなければ当然のことながら、国語科も存在しない。近代初期の日本は、公教育制度の確立とともに、国家語としての「国語」の創出を急いでいた。

当たり前のことだが、明治維新の翌日から、近代社会が始まったわけではない。憲法や国会といった近代国家の根幹にかかわる制度作りにもおよそ二十年が費やされた。そして、近代化を推し進めるうえで不可欠な、国家であまねく通じる国語の創出もまた、言文一致という日本語ならではの難問の解決とともに、一朝一夕には果しえない課題だったのだ。会津の人と薩摩の人が東京で話し合おうとしても言葉が通じないようでは、近代化など夢のまた夢。身分差が前提だった封建社会から脱して、お国言葉が乱立する状態を、学校制度の中で国家語＝標準語を行きわたらせることによって解消することこそ、近代学校教育制度の、ひいては国語教育の中心課題だった。

明治五年の学制発布によって、日本の公教育制度はスタートする。その序文「被仰出書」には、「邑に不学の戸なく家に不学の人なからしめむ」とあり、すべての国民に学校教育を受けさせ、「読・書・算」のリテラシーを身に付けさせることで、文明開化を実現しようとしたのである。そこで、全国に学区を定め、人口六〇〇人あたりに一つの小学校を置いた。このとき、国語科はまだ存在していない。しかし、「綴字《カナツカヒ》」「習字《テナラヒ》」「単語《コトバ》」「会話《コトバツカヒ》」など、実に半数の学科が国語教育に関するものだった。これらの内容は、仮名遣いや語彙、文字の書き表し方等、今日から見れば、教科の枠組みとするにはあまりにも微細なことに驚くばかりだが、近代国家語としての「国語」そのものが未成立だった当時からすると、言葉の教育はどうしても一語一語の読み書きの仕方に集中せざるをえなかった。その後、次第に国語教育関係諸学科は整理されていくが、その過程からは、この時期の初等教育段階における母国語教育のあり方についての模索の跡がうかがえる。[9]

教科書も、江戸期以来の往来物で代用したり、海外の翻訳教科書をにわか仕立てで用いたりしていた。有名なものに文部省の『小学読本』（明治六年）がある。アメリカのウイルソン・リーダーを手本に、田中義廉（一八四二〜一八七九）によって編纂された翻訳教科書である。往来物が大人にとっての実用的な知識を与えるものであるのに対して、子どもの目線で書かれている点はまさに画期的だった。ここから子ども向けの教材・教科書とは何か、というイメージが急速に形作られていくのである。

その後、明治一九年の小学校令に伴い教科書検定制度が開始される。それまでは、使えるものは使うという精神で、教科書は自由発行、届出制、許可制だった。検定制度になったことは、近代教育における教科書の質が担保され、さらに選択肢がそれだけ増えたことを意味する。

一八九一（明治二四）年、「小学教則大綱」の策定により、国語教育関係科目が「読書」「作文」「習字」の三科に整理されたころから、ドイツのヘルバルト学派の教育方法が紹介され、全国の学校現場へ急速に広まっていった。このうち「予備・提示・比較・総括・応用」と呼ばれる五段階教授法は、今日の一斉授業の定型につながるものと言われている。

国語科の成立

制度上、国語科が成立したのは、一九〇〇（明治三三）年の改正「小学校令」による。「読書・作文・習字」の三学科が「国語科」に統合された。この時の国語科の目標は次のようなものだった。

国語ハ普通ノ言語、日常須知ノ文字及文章ヲ知ラシメ正確ニ思想を表彰スルノ能ヲ養ヒ兼テ智徳ヲ啓発スルヲ以テ要旨トス

漢字カタカナ交じりで読みにくいが、前半では、理解したり表現したりする国語の能力、つまり言語能力を育成すること、後半の「兼テ」以降は、「智徳ノ啓発」、つまり、知育や徳育を行うこと

が示されている。国語科の中で広く知育や徳育も行うというのは、今の感覚からすれば驚きかもしれない。実際、読本の内容は地理や生物の知識、道徳的な読み物にあふれており、今日よりも雑多な知識・内容を教える教科として規定されていたのだ。

前半についてはもう少し細かくみる必要がありそうだ。「普通ノ言語」とは、普く通じる話し言葉（＝言語）のことで、いわゆる「標準語」の習得が目指されていた。明治の終わりごろまで、「言語」は音声や話し言葉を意味していたようだ。先にも述べたように、国家語としての国語とは、地域の方言や身分差等を超えて共通に通じる日本語を意味し、封建社会から近代社会へと脱皮するための必然と考えられていたのだ。全国の小学校では、方言が禁止され、これを破ると厳しい罰が与えられた。沖縄の方言札などはその典型である。学校で方言を話すと、罰として首から木札を下げなければならず、これを外すためには他に方言を話す児童を見つけなければならなかったという。近代化の過程で、「国語」が国家語になるために方言は徹底して排除されたのである。

翌年制定された「中学校令施行規則」でも、中学校の国語科にあたる「国語及漢文」の要旨は小学校とほぼ同じ文言で統一された。こうして、小学校・中学校の国語科の枠組みが一貫したものとして整備されることとなった。違いといえば、「文学上ノ趣味ヲ養ヒ」の一項が加えられたことだろう。文学については、当初、中学校以上で扱うという位置付けだった。

なお、当時の中学校は義務教育ではなく、一握りのエリートだけが進学する学校だったので、現在のイメージとは大きく異なる。修業年限は五年に定められ、「男子ニ須要ナル高等普通教育ヲ為ス」

（改正中学校令）ことを目的とした後期中等教育（現在の高等学校）である。進学するものは、華族、上級の氏族、富裕層がほとんどで、進学率も十％に満たなかった。「国語及漢文」は、「現時ノ国文ヲ主トシテ講読セシメ、進ミテハ近古ノ国文に及ボシ、又実用簡易ナル文ヲ作ラシメ文法ノ大要、国文学史ノ一班ヲ授ケ又平易ナル漢文を講読セシメ且習字ヲ授クヘシ」という高度な内容であり、当然のことながら教材の多くは古文・漢文だった。

国定期の教科書

検定制度の中で教科書は、文部省作成の『尋常小学読本』を皮切りに、坪内雄蔵編『国語読本』をはじめとして多くの個性的な読本が作成されたが、一九〇四（明治三七）年から国定制度へと切り替わることになった。そのきっかけとなったのが、一九〇二（明治三五）年に起きた教科書疑獄事件と呼ばれる、大規模な贈収賄事件である。[10] 義務教育就学率が上昇していた教科書業界は、すでに巨大なマーケットを抱えるようになっていた。採択戦はまさに熾烈を極め、その中で不正も横行していたのだ。

第一期国定読本として刊行されたのが『尋常小学読本』（一九〇四年）である。これは通称「イエスシ」読本とも呼ばれる。以降、国定制度は、約四〇年に渡って継続することになる。小学校の読本は、「イエスシ」読本をはじめとして、第二期「ハタタコ」読本、第三期「ハナハト」読本等、それぞれ通称をもっている。これは、巻一のはじめに提示されている語から取られた通称だ。「ハタタコ」や「ハナハト」は、単語なので旗や凧、花や鳩とわかりやすいが、「イエスシ」とはいったい何なのだろう。

図1の通り、挿絵が添えられているため「イエスシ」はそれぞれ椅子のイや枝のエであることがわかる。では、アイウエオでも、イロハニホヘトでもなく、初学者に教えるはじめの言葉（文字）として「イエスシ」が選ばれたのはどんな意図があるのだろうか。実は、ここに「語学教育期」と呼ばれたこの時期の特徴が表れている。東北地方の出身者にはピンとくるものがあるかもしれない。「枝」をイダ、と発音したり、「寿司」をスス、と発音したり……。そう、「イエスシ」読本は、発音、訛りの矯正を意図していたのだ。近代国家語としての国語が創られ、日本中に広がる過程で、教科書が国定になったことは大きな意味をもっていた。日清・日露戦争後の日本社会では、教育の方向も急速に国家主義へと傾いていく。その時、国にただの一種類という国定読本は、言語の標準化のみならず、統一的な価値観やイデオロギーを浸透させるための格好のメディアとなっていったのである。

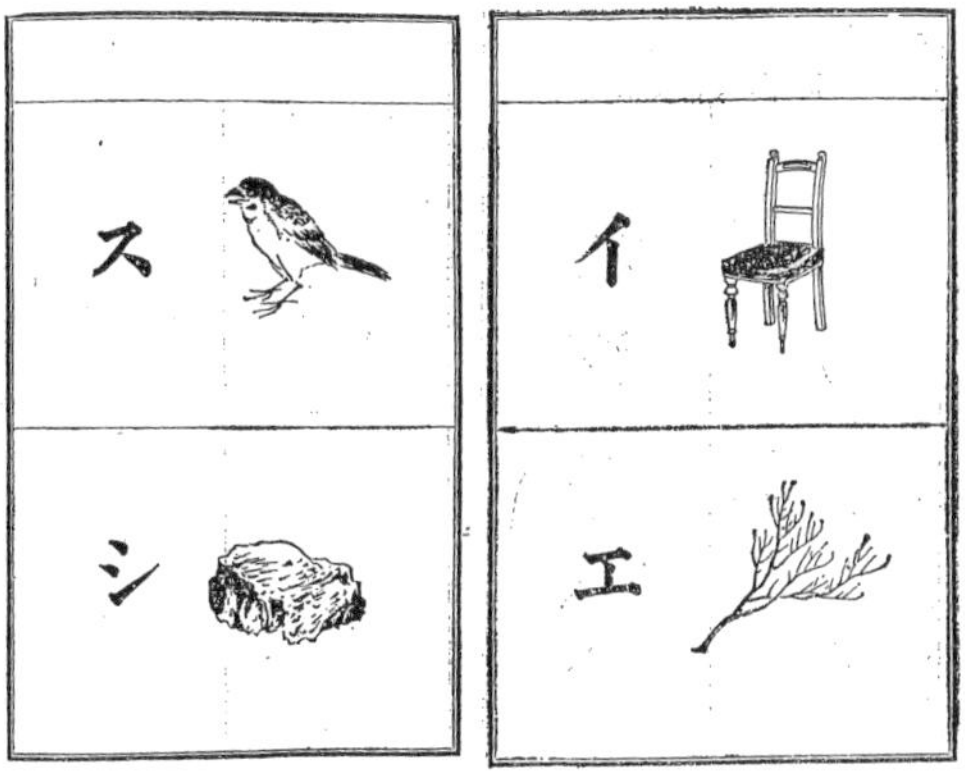

図１：「イエスシ」読本

このように、西尾が語学教育期と呼んだ明治期は、「国語」

の創出とともに教育制度自体の確立期にあたり、教材や指導法も手探りの急場しのぎから、ようやくそれぞれ一つの型として定着を見せようとしていた。国家語の習得とともに近代日本人としての知識や道徳心を涵養する場として、国語科という教科もようやくその輪郭を整えることとなったのだ。

児童の発見

日露戦争後に、小学校の就学率も九割を超え、世界の強国に伍していくためにより一層の教育拡充を求める声が強まり、四年間だった義務教育期間も六年に延長された（一九〇七年）。第二期国定読本「ハタタコ」読本はこの措置に伴い使用されることとなった。初学者に教える言葉の単位は、文字ではなく単語となり、また、題材も「キクノゴモン」「水兵の母」「靖国神社」をはじめとして「日本」の表象を強調するものが増え、国家主義的な色彩が強まっていった。[11]

語学教育期が「いかに教えるか」を追求し、形式や統一性を重視していたのに対して、日露戦後の明治末期に始まる文学教育期は「いかに学ぶか」に教育の重点が移動し始める。第一次世界大戦によって日本は国際的な地位を上げることとなり、世界各国との交流も活発化する。大正デモクラシーといわれる潮流も、欧米の進歩的な思想等の影響を受けることで、日本のあらゆる分野に浸透していき、教育の分野でも教師の教授法から子どもの学習へと関心が向き始めた。国語教育において、それはまず作文の教授法に現れる。

明治期の半ばまでは、漢文訓読調の書簡文等を模範として、それを模倣し練習する範文模倣が作文教育の教授法だった。

「一瓢を携へて山に登れば」とか「是に於て一小亭に息ひ、酒を命じ肴を呼び、且つ呑み且つ吟ず」「樹下に就きて瓢を傾け、激賞数時、酒尽き、日西山に入るに至って帰る」といった、後に飲酒作文と揶揄されるような文章を、なんと小学生が書いていたのだ。[12] もちろん実際に子どもたちが酒を詰めた瓢箪を下げて花見に出かけていたわけではない。模範文の記述をなぞって書き記しただけのことである。

言文一致体の普及とともに、こうした形式的な作文は下火になっていくが、それまで作文・綴方は、こうした範文を繰り返し模倣して習得することが主な学習だった。学習者の興味・関心や発達段階に適合した教材など望むべくもない。実学重視の作文指導は、なにより手紙文の書き方や文体をなぞり、形式的にマネをすることに傾いていった。

しかし、明治の後期になると、こうした教授法に疑問が呈される。子どもが「書く」という営みには、子どもが書くべき内容を発見することが必要ではないか、等といった観点から学習者中心の作文教育が模索され、先進的な教育実践が試みられていった。例えば、樋口勘次郎（一八七一〜一九一七）の統合主義新教授法は、総合学習の始祖とも呼ばれている。有名な実践が「飛鳥山遠足」だ。上野不忍池から王子の飛鳥山に至る遠足で、教室の外に飛び出して児童の関心を引き出し、地理や理科など教科横断の視点で事物を観察・記録させ、学校に戻ってから作文にまとめさせた。

図2：『赤い鳥』表紙

一九〇〇年の小学校令施行規則によって、「作文」の呼び名は「綴方」へと変更になった。

大正に入ると、折からの児童中心主義、自由主義の思想がこうした教育への方向性を後押しした。そして、子ども自身が書きたいことを書くという潮流を先導したのが、雑誌『赤い鳥』（一九一八年創刊）の存在だった。

よく知られているように、『赤い鳥』には芥川龍之介の「蜘蛛の糸」「杜子春」や、有島武郎の「一房の葡萄」等、当代きっての文学者や新進気鋭の作家の作品が掲載されていた。しかし、この雑誌の爆発的なヒットを牽引したのはプロの作品以上に、主宰鈴木三重吉（一八八二～一九三六）の選により掲載される子どもの投稿綴方コーナーだった。令和を迎えた現代でこそ、子どもであってもYoutuberを名乗り、世界中に向けていつでもどこからでも発信できる。だが、大正の半ば、片田舎の小学生が書いた綴方作品が活字化されて雑誌に載るというのは、まさに夢のような話だった。偽りのない純粋さ、童心主義を唱道した三重吉の眼鏡にかなうこと、そして、全国の読者からの羨望を浴びることを想像し、胸を躍らせながら子どもたちは一心に綴方を書いて投稿した。

こうした風潮も後押しし、かねてより範文模倣主義を批判していた東京高等師範学校附属小学校訓導の芦田恵之助（一八七三～一九五一）は、随意選題主義を掲げ、綴方における教師の役割は教室で何もしないこと、にっこり笑って子どもに書きたいことを自由に選ばせて好きに書かせることだと主張した。この芦田の主張に対して、課題練習方式、練習目的論を唱えたのが、広島高等師範学校付属小学校訓導の友納友次郎（一八七八〜一九四五）である。これは綴方をめぐる東西対決とも称され、九州小倉で行われた両氏の講演会は全国から集まった小学校教師の注目する中で行われた。この「随意選題論争」は作文・綴方教育に関する意識を一気に高めることとなった。[13]

文学への目覚め

一方、この頃になると、教育の場における文学教材についても、その意義や価値づけが転換していく。明治の後半までは、文学とりわけ小説は青少年の教育に悪影響を及ぼしかねないと考えられていた。[14]また、国学、文献学を基礎に立ち上がった国文学研究も、大正期になって活性化した芸術運動の影響を受けながら、次第に作品の玩味・鑑賞を無視できなくなりはじめる。鑑賞という個人的主観的な領域が浮上することは、一方で、国文学研究の質的変容と大衆化を徐々に促していくこととなった。

こうした背景の中、綴方教育と同様に、読み方教育においても転換が起きようとしていた。語学教育期の読み方教授は、わからない単語の意味を順に一つ一つ理解していけば、最後には文章全体の理解に達する、という語学主義的な方法が主流だった。これに対し、全体の文意の直観からはじめ、その上で細部の意味の探索に入り、最後に再び全体を捉え直すという、センテンスメソッドを

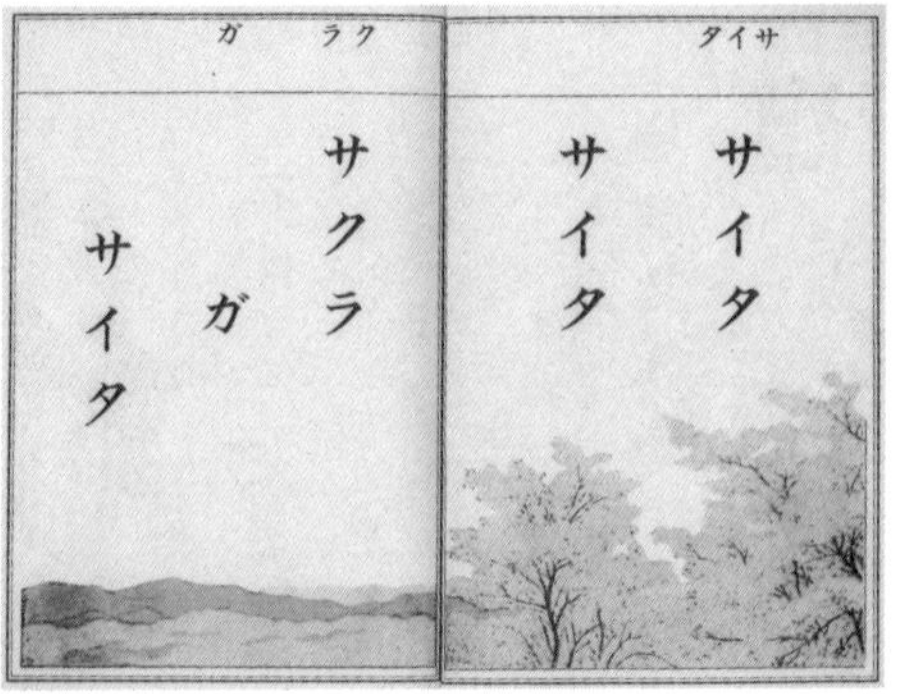

図3：「サクラ」読本

提起したのが垣内松三（一八七八～一九五二）の『国語の力』（一九二二）である。垣内は欧米の学説を国文学に持ち込み、独自の形象理論を打ち立てることによって、国語教育の分野にもはじめて本格的な学術的体系を与えた人物だ。これによって「解釈」や「鑑賞」が読むことの方法的な用語として広まり、教材についても作者の個性が文意に色濃く表れ、学習者の心に達する文学作品こそが国語の教材にふさわしいという観念も広がっていった。また、よい綴方を書くためには、よい綴方作品や文学的な文章を読み、深く鑑賞することだと考えられ、鑑賞文例集等も多く発行されることになっていった。第三期の国定読本「ハナハト」読本（一九一八）には、地理・歴史・理科・修身といった内容の教材だけでなく、文学も多く取り入れられることになった。

こうして自由主義や児童中心主義思想の広がりの中で、それまでの語学主義・形式主義の教育への反動が高まり、文学作品が教科の内容・教材として急速に注目を集めるようになった。そして、芸術や個性といった価値意識の高まりから、文学の鑑賞が大正期半ばから昭和初年代にかけての国語教育における一大テーマとなっていくのだった。

第四期国定「サクラ」読本はこうした思潮を反映して、それまでの文字や単語ではなく「サイタ

サイタ　サクラガサイタ」という一文から始まる。文字でも単語でもなく、文の全一性を直観で捉えるセンテンスメソッドの考え方で作られた画期的な教科書だった。教材文種も言語や文学の割合が高く、国語科独自の内容としての教材が多く選ばれていった。[15] また、国定読本史上初となるカラー刷りで、薄桃色の桜の挿絵が色鮮やかに配置され、見た目にも印象深い読本となった。

ところが、文学教育期がやがて言語教育期へと移行していく要因には、次のような実態があったと西尾は述懐している。

この期の文学教育は、明治年間の国語教育が、講読読方においては、その材料が文学もしくは文学的な文章であっても、その方法は、訓詁注釈に終始した、いわば語学教育であった。それの否定として、「少しくらい読めない字があっても、わからないことばがあっても、わかるべきことはわかる」などといい放ち、また材料にも、当時の文学作品、わけても新進作家の作品を多くとりあげるとともに、その方法も、文学を文学として味う鑑賞活動を導き入れようとした。けれども、それは、訓詁注釈の否定としてとりあげられ、語学主義の反動として導き入れられたそれあったために、正しい意味での鑑賞を成立させ得ず、けっきょく学力の低下をきたし、文学におぼれた、いわゆる文学少女や文学青年を輩出させるにすぎないという非難に押し倒されてしまった。[16]

こうした教室の実態は、ようやく形式的な語学主義から脱し、学習者に光を当てながら個性や自由といった価値に近づく方法として文学教育を見出した国語教育にとって、新たな壁となった。新しい思潮の表面的な摂取は鑑賞主義の名で呼ばれ、厳しく批判された。一方で、恣意的な鑑賞を免れようとして、いたずらに文学研究的な方面の教授にひた走る中学校の授業に対しても、西尾は文学教育期の問題点として指摘している。かくして子ども任せの鑑賞主義でも、文学研究的授業でもなく、もっと広く日常の言語生活を対象とした国語教育の必要性を西尾は感じ取り、戦後を待つことなく一九三〇年代に、聞く・話すの談話生活を基盤とした言語活動主義の教育構想を主張し始めたのである。

戦中の「惚れさせる国語教育」

一方、時枝が「正しい理解」や訓練を強調するのは、言語過程説を主張する彼の言語観によるところが大きい。と同時に、戦前・戦中の国語教育が「惚れさせる国語教育」だったからでもある。時枝はその反省から「惚れさせない国語教育」を己の信条とする。[17]

西尾が言語活動主義を主張し始めた一九三〇年代半ば以降、プロレタリア文学者の小林多喜二が築地警察署で撲殺された頃から国語教育も急速に戦時色に染まっていく。その頃急速に広がっていった生活綴方教育運動は、社会批判・危険思想の間違った教育というレッテルを張られて弾圧され、綴方教師たちは次々と投獄されることとなった。

子どもたちが、生活を観察・記述し、それらを文集にして読み合い、考えを語り合う、といった総合的な学習方法を持つ生活綴方は、綴ることによって生活の現実を見つめる眼を養うねらいを持っていいた。子どもが、親や兄姉の働く姿、食卓に出される汁椀の貧しさ、村の行事の不思議、身のまわりの日常生活や地域・郷土の実態を綴る。昭和の初年代、小砂丘忠義等の雑誌『綴方生活』の創刊（一九二九）を契機として、瞬く間に全国に実践の輪が広がっていった。次のような児童詩もよく書かれていた。

父と米売に行つて
米がやすいから
父はやつぱりがつかりした顔だ
この金では税金は納められない
近ぺんの金持から借りて
納めなければならない
どうしても父はがつかりしたやうだ
貧乏はかなしい
家の人数が多いからだ
夕日が強く障子を通すのを見て

時に「貧乏綴方」等と揶揄されることはあっても、生活綴方教育は教科の枠を超えて、子どもたちに生活そのものを見つめさせ、人間としていかに生きるかを考えさせる広がりをもつものだった。西尾が言語教育期のスタートに据えた昭和十年代は、こうした教育の新しい展開が多様に広がり始めた時期でもあった。しかし、時局はその純粋な発展を許さなかった。

国定五期「アサヒ」読本は、一九四一（昭和一六）年に尋常小学校が廃止となり、国民学校となったことに合わせて発行された。『ヨミカタ』『よみかた』『初等科国語』に分かれ（全十二巻）、また低学年用には『ことばのおけいこ』という話し言葉教育用の読本も編集されていた。国語教育の発展史から見れば、こうした読本の編集の変化そのものはに価値が認められるところだが、一方で、戦時色の濃い教材が満載で、忠君愛国・国民精神高揚が色濃く表れたものだった。

中学校用の国定教科書『中等国文』も同様に「太平記」「平家物語」といった軍記、「古事記」「日本書紀」といった神話・歴史がふんだんに採録され、日本精神や戦意高揚を意図した編集になっていた。令和の元号の出典としてにわかに脚光を浴びた「万葉集」ももちろん採録されている。しかし、採録された歌のラインナップは、現在、中学校や高等学校の教科書でよく眼にするものとは大きく異なっている。例えば、現在でも、防人の歌はよく採録されるが、親しいものとの別離の悲しみを詠んだ歌として、

防人に行くは誰が背と問ふ人を見るがともしさ物思いもせず
韓衣裾にとりつき泣く子らをおきてそきぬや母なしにして

等が多い。ところが、戦中に採録されていたものはこれらとはまったく異なっている。当時、『中等国文』には、

大君のみことかしこみ磯に触り海原わたる父母おきて

が収められている。「父母おきて」には家族との別離を読み取ることができるが、この歌の主意は「大君のみこと」への忠誠である。父母を残してでも天皇に忠義を尽くす覚悟が強く印象づけられる。こうした「大君の醜の御楯」となって戦地に赴く防人に自己を重ねる少国民の姿こそが、戦中の国語教育では追求されたのである。

時枝が「惚れさせる国語教育」と呼んだのは、このように、文学・古典を読ませ、その内容に感化させようとする国語教育のことである。戦時中の国語はまさに時局に奉仕する少国民を育成する装置だった。まさに戦時思想教育だった。

しかし、時枝に言わせれば、同じことは戦後になっても変わらない。同じように、教科書教材の内容を正しい内容として教え込むだけなら、時代や社会のイデオロギー次第でいくらでも思想教育

ができてしまう。いかに民主主義が叫ばれようと、民主主義思想を語る教材を読ませてその内容に感化させるのでは、やっているのは同じことだ。だから、時枝は、メッセージの正しさではなく、理解・表現の仕方の正しさに目を向ける。国語教育が行うべきは、いかに正しく理解できるか、正しく表現できるかにあり、そのために言語技能の訓練をするという、「惚れさせない国語教育」を主張したのだった。

（3）新しい国語教科書の工夫

焼け野原からの再スタート

一九四五年八月十五日を境に国のあり方は一変していく。玉音放送の擦れた音響に耳を澄ませ、呆然とうなだれる日本人に、自分たちの未来はどう映ったのだろうか。戦争によって多くの命が失われたことの喪失感や深い悲しみ、占領下におかれたことの耐え難い屈辱、国家としての将来が見えない底知れぬ不安、そして食べるものも住む家もない日常の飢餓感や貧しさ。しかし、混沌とした中でも、新憲法や教育基本法が制定され、民主主義と平和を基調とした、個人の価値を尊ぶ国家づくりと、そのための教育の刷新に向けての施策が怒涛のごとく展開し始める。占領軍のジープが焼け野原を疾駆する新たな日常の中で、当時の文部省はアメリカの教育学者たちの指導を受けながら、新教育の具体化に邁進していくのだった。

ほとんど柱しか残っていない焼け焦げた校舎の教室には、徐々に子どもたちが戻り始めていた。しかし、戦中の教科書に墨を塗って使用することにも限界があり、戦後の新教科書はきわめて短期間での作成を余儀なくされた。
床に割れた窓ガラスが散乱する教室は腹をすかした子どもたちの喧騒に満ちていた。そんな教室で新制中学校の教師として再スタートした大村はま（一九〇六～二〇〇五）は、一人ひとりに手作りの教材を「これおやり」と言って渡し、その熱意は徐々に学び舎に落ち着きを取り戻すことに成功する。教材があったわけではなかった。戦時中、疎開の時に茶碗を包んでいた古新聞を剝いで、使えそうな記事を切り取り、一枚一枚に「手引き」をつけていったのである。[19]
一九四七（昭和二二）年には、占領軍の民間情報教育局（ＣＩＥ）の指導を受けて、『学習指導要領国語編（試案）』が刊行され、新しい国語教育の方針が示されることとなった。これは戦前の教授要目に代わり、アメリカのコースオブスタディーを手本にして作成されたものである。国語科の内容を「話すこと（聞くことを含む）／つづること（作文）／読むこと（文学を含む）／書くこと（習字を含む）／文法」とし、目標を「児童・生徒に対して、聞くこと、話すこと、読むこと、つづることによって、あらゆる環境におけることばのつかいかたに熟達させるような経験を与えること」と規定した。国語教育の対象は国語読本の内容ではなく、児童生徒の言語経験となった。言語教育の方針とは、つまりこの学習指導要領（試案）のことである。巻末には、「単元を中心とする言語活動の組織」が参考事例として示され、学習指導の方法として単元学習が追求されることとなった。そして、新教科書もこの学習指導要領とほとんど同時進行で作成されることとなった。
学習指導要領（試案）が刊行されたのと同じ年、文部省図書監修官の石森延男（一八九七～一九八七）

を柱に編集・作成された文部省著作（実質的な国定六期）「こくご」「国語」、通称「みんないいこ」読本が教室で使われ始める。戦時中のような国家主義、少国民錬成の色彩は完全に拭い去られ、子ども・個人の価値、民主的な社会への志向が色濃く表れた教科書となった。教材には、次のような分類に基づく文章が採録された。

一　詩情表現のむれ（童謡・童詩・じょ《マ》情詩《マ》・叙事詩・和歌・俳句など）
二　思索・記録のむれ（手紙・日記・記録・報告・論文・随筆など）
三　物語のむれ（童話・ぐう話・伝説・伝記・小説）
四　演劇一般のむれ（脚本・シナリオ・よびかけ・詩劇・謡曲・狂言など）[20]

この四つのむれに加えて「ことば」が加わり、五つの体系に整えられることとなった。また、戦前までのカタカナ先習を改めひらがな先習となり、児童作文も教材化された。

しかし、この「みんないいこ」読本には、今日の国語教科書には当たり前の、あるものがない。教材の内容や文章は、戦前とは大きく趣を変え、確かに個人や人間の尊重、国際的な視野、民主主義の協調などが目立つ。だが、教科書の機能としてみたときにやはりそれはまぎれもなく「読本」だった。内容は、国家から個人へ、戦意高揚から平和と民主主義へと大きく変わっても、名文・美文が集められて綴じられた本であることに変わりはなかった。

つまり、その「ない」ものとは「学習の手引き」のことである。教材文の後に付されているいくつかの設問や課題のことだ。今となっては当たり前のもので小学校から高等学校の教科書まで、国語教科書のつくりは概ね〈文章＋学習の手引き〉となっている。また現在だけでなく、過去の検定教科書をさかのぼって見ても、「学習の手引き」は必ずついている。それが「ない」のだ。実は、「学習の手引き」の有無は、国語読本が国語教科書へと生まれ変わるための必須の要素だった。

「学習の手引き」の謎

「みんないいこ」読本発行の翌年、新制中学校・高等学校用に作成された、『中等国語』『高等国語』（ともに文部省著作）の修正発行版から、「学習の手引き」は付されることとなった。[21]

六・三・三制は戦後教育改革の目玉だった。義務教育年限を延長し、日本の教育水準を上げることは、民主主義国家建設のために、ぜひとも成し遂げなければならない課題だった。教科書は国定を改め、検定制度に移行することは決まっていたが、それ以前に新制の中等教育が開始される。文部省は「みんないいこ」読本に続いて、中学・高等学校用の新教科書作りに着手した。これらも短期間で作成しなければならなかったが、完成したときには「学習の手引き」は付いていなかったのだ。内容はもちろん、民主主義や、世界的な市民像、現代性等が色濃く表れた教材が採録されたが、「みんないいこ」読本と同様、戦前と同じ「読本」の仕様だった。

ところが、前年に学習指導要領（試案）が先に世に出ており、そこでは単元学習が目指すべき方向として明記されていた。学習者の興味・関心に沿って組織された学習のひとまとまりが単元であり、戦前のような、教師主導で読本の内容を教授する方法とは異なる国語教育が目指されることとなったのだ。しかし、新教科書は依然として「読本」仕立てのままで、学習者が主体的に学べる資料になっていないことが問題視されたのだ。新制中学・高等学校の開校も迫っている。一から作り直す時間はない。そこで、修正版を発行し、両者の齟齬を埋めるための苦肉の策として付されたのが「国語学習の手引き」だった。

現在の学習の手引きと異なるのは、これが巻末に一括して収められている点だ。その冒頭には、中学・高校用とも全学年共通して次のような前書きが付されている。

> 国語学習の手引
>
> 次に掲げたものは、各課の教材を学習するに当たり、どんなことをしたらいいかを、幾つか拾いあげて書き示したものである。
>
> 各課の文章を読むための準備もあり、その心構えもある。またその方法となるようなもの、理解を助ける問題、理解をためす質問、更に理解を発表する話し合いもある。
>
> なお、表現力を伸ばすための仕事も織りこまれており、研究調査の仕方を示してもある。
>
> しかしこれらは、みな必ず完成しなければならないものではなく、適当に取捨選択をしたり、あるいは補充したりして、興味のある正しい学習を進展させて行ってほしい。

このように、各課の教材文は学習のための資料であり、この「国語学習の手引き」に沿って、あるいは参考にして学習指導を行えば、単元的な展開が可能になるという仕組みが作られたのだ。「準備・心構え」にはじまり、「理解を助ける問題・理解をためす問題」「話し合い」や「表現力」等、多様な方向性をもつ課題が学習活動とともに示されている。

例えば、『中等国語』第一学年用第一冊の冒頭一課から具体的例を挙げよう。

一　第一歩

（1）この「第一歩」はなんの第一歩か。この道はどんな道であるか、考えてみる。

（2）第一歩を踏み出そうとする作者の心持について話し合う。

（3）何人でやったらいいか、どう演出したらいいか、共同研究する。できばえについて話し合う。

（4）この内容を詩に書きなおしたり、普通の文に書きなおしたりする。

（5）例えば、「入学」「わが学校」「春」というような題で「よびかけ」を自作自演してみる。

「第一歩」は、次のように始まる。

「新しい道」

「明るい光に満ちた道、」

「希望にみちた、たのしい出発」

「私たちは、その第一歩をふみ出そうとしている。」

「さ、自分の進む道を力強くふみ出そう。」

「ふみ出そう。」


当時「よびかけ」教材と呼ばれた、「演劇一般のむれ」の文種に含まれるものの一種である。すべての行にカギ括弧がついているのは、声を出し、みんなで読み合うためだ。タイトルの下には「この『よびかけ』の演出は、みんなで工夫しよう。」というリード文が付いている。この教材をどのように読むべきかを共同研究で話し合い、演出を工夫して表現する。こうした学習過程を想定していることが読み取れる。

このように、「第一歩」の手引きは、内容理解だけでなく、発展的な学習や表現活動への展開まで、幅広い設問からできていた。他の教材にも、同様の手引きが付されており、学習者が活動を通して教材を学び深めていく、新しい国語科学習指導が構想されていた。

接ぎ木の発想

こうして一九四八年には小学校から高等学校までの新教科書が出そろい、言語教育としての国語の新しい学習指導が目指されることとなったのである。これらの教科書には、小学校から高等学校まで一貫して、民主社会の建設、世界的・国際的視座、普遍的人間像、明るさ・未来志向をもつ教材が集められている。教材の文種は、先に述べたとおり、「一　詩情表現のむれ」「二　思索・記録のむれ」「三　物語のむれ」「四　演劇一般のむれ」の四分類に基づき、小学校から高等学校まで系統立てられているが、実際には、一から四の「表現の様式」に加えて、「言語教材」が加わり、五つのカテゴリーに分けられる。「みんないいこ読本」から『中等国語』、そして『高等国語』まで、この組織にしたがって教材が編成された。

この四分類＋一の構造について補足しておこう。実は、この構造に戦後初期の国語教育が目指したものが象徴的に表れており、時枝と西尾の論争とも重なる問題が潜んでいる。四分類は大正期に垣内松三がイギリス文学者モールトン（Richard Green Moulton　一八四九〜一九二四）の理論をもとに打ちたてた「国文学の体系」に依拠したものだった。[22]つまり、戦後初期の国語教材は、大正期以来の伝統的な文学観がそのまま引き継がれているということだ。そのままでは経験主義の新しい言語教育の教材とはなりにくい。そこで、四分類の根底に置かれたのが「言語教材」だった。このことの経緯とねらいについて、当時の教科書編集の主力メンバーだった輿水実（一九〇八〜一九八六）が次のように説明している。

垣内先生が、大正時代にモウルトンの文学形態論を御研究になり、御紹介になって、東京高等師範学校で「モウルトン教授」というあだ名をつけられたということは有名な話であるが、垣内先生は、早くから、先生の御編集の高等女学校の教科書「国文鑑」にこの原理を取り入れられた。モウルトンの文学形態の六分類すなわち、抒事詩、叙情詩、戯曲、歴史、哲学、雄弁は、文学教育全盛の時代において、ほとんどただ一つの、教材分類原理であった。

こうした、「サクラ読本」から、「国民学校の読本」になって、さらに文学教育的な色彩を強めながら、第二次世界大戦の終了となり、ことに、「みんないいこ」ではじまる「いいこ教科書」を迎えたのであるが、この「いいこ教科書」が、モウルトンの文学形態の六分類を研究した結果四分類をとり、しかも、その根底に言語教材を考えたという事実は、すでに、文学教育一本槍ではいけなくなった、少なくとも言語教育ということを考えないでは新しい建設はできない、というようになってきた一つの証拠であるといい得るであろう。[23]

輿水はこのように述べ、「真の言語教育は単元学習でなければならない」と主張する。このように、言語教材を教科書の「根底」に置き、各教材文との関連を考えながら単元学習を行うことが、言語教育としての国語教育のあるべき姿として考えられていた。つまり、古いものに新しいものをそのまま接ぎ木する発想で作られたのが、当時の国語教科書であり、国語教育観だった。

先行する理念

また、輿水とともに言語教育としての国語科像を戦後の新しい方向性として確信していた文部省の沖山光（一九〇五～一九九〇）も、下図のように教材の分類と位置づけを整理し、すべての教材群の中核に「ことば」を配置する。そして、次のように言語教育としての国語科の役割を述べている。

「読む」とか「書く」とか「話す」とか、あるいは「聞く」ということなしには、どの教科といえども、その教科の学習効果をあげることはできないし、そこにいわゆる国語力としての言語能力が伸ばされているか、身についているかによって、学習効果は左右されてくる。まず他教科の学習の前提として、言語能力の必要が感じられてくることは、火をみるよりも明らかなことである。言語能力こそはすべての教科の推進力であり、基底となるべきものである。[24]

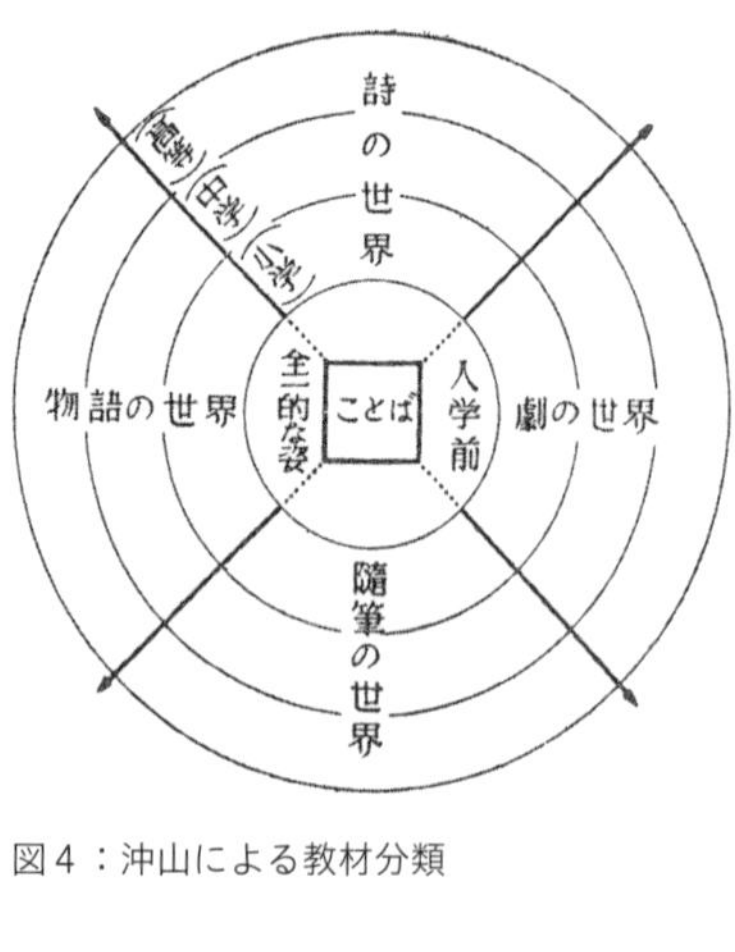

図4：沖山による教材分類

これは、最近のことばでいえば「カリキュラム・マネジメント」に通じる考え方である。国語科だけでなく、他教科との関係からも言語能力育成のための言語教育が求められているという考えは、それまでの教科書の内容を読んで理解する、難解な文章の注釈を行うことが国語の授業のほとんどすべてだった教師にとっては、大きな転換を迫る国語教育観だったと言えよう。が、それは、あまりに先進的過ぎたのかもしれない。

多くの教師にとって、学習者中心の経験主義や言語教育としての国語科という発想は、簡単には理解されなかった。むしろ、異質なものとして受け止められ、逆に多くの教師に伝統的な国語教育への回帰の思考や郷愁を誘い、占領軍への敵視や批判を醸成する誘い水として機能していった。西尾など、国語教育を学術史的に捉える眼をもつ一部の人にとっては言語教育も戦前からの発展、必然として捉えられていた。だが、多くの教師にとってそれはやはり突如眼前に現れた黒船だったのだ。

教室設備や教材も満足にない中で、見よう見まねで行われた新教育の実践は、「這いまわる経験主義」「ごっこ遊び」と揶揄され、学力低下論と呼応しつつ批判のうねりが高まっていくこととなった。その時、不安な心のよりどころとなったのが文学教育だった。新教育の中の国語科が言語教育を標榜するならば、それに対抗する国語科は文学教育を旗印とし、戦前から大切にしてきた古典や文学との接触による人格陶冶を高らかに謳いあげる。こうして、戦後初期の国語教育は、言語教育か文学教育かの二項対立でとらえられる空気の中で、その進路が模索されていた。

ここまで、近代国語教育の歩みを急ぎ足で辿ってきた。ここで、冒頭に紹介した一九四九年の研究集会の場面を思い起こそう。「主として時枝先生にお願いします」と質問に立った、あの中学教師の発言は、こうした地点から発せられたものである。それに答える時枝と西尾の回答は、単なる二項対立ではなく、それぞれの国語教育観から発想された新しい国語教育の像だった。

一見、両極に位置する回答に見えながら、実は両者の夢みる国語の姿はかなり近いものだったのかもしれない。その後、戦後日本の国語教育を牽引する二人の仕事をたどればわかるが、いずれも日本社会の進路を見据えて、日本人の言語生活を豊かにしようとする構想だったことは間違いない。しかし、文学教育というリトマス試験紙を通したときに、両者の文学を読む教育の捉え方は大きく異なっていた。それを端的にいえば、鑑賞と読解という二つの用語に置き換えられるだろう。

鑑賞と読解――。このあと、戦後日本の国語教育は、この二つのキーワードをめぐって大きく展開していくことになる。

注

1　全日本国語教育協議会編『国語教育の進路』（昭森社、一九五〇年九月）、ただし引用は、『西尾実国語教育全集』別巻2（教育出版、一九七八年九月）四一一頁

2　斎藤義光『高校国語教育史』（教育出版センター、一九九三年五月）では、全日本国語教育協議会の第一回～第二八回までの大会テーマと協議題目が紹介されている。

3　注1に同じ、四一二頁

4　注1に同じ、四一五頁
5　田近洵一「戦後国語教育論争」（『国語教育指導用語辞典　第五版』教育出版、二〇一八年一一月）参照。
6　注1に同じ、四一五頁
7　西尾実「文芸主義と言語活動主義」『岩波講座　国語教育』第一巻、岩波書店、一九三七年三月）
8　西尾実「国語教育問題史」（『国語教育講座　国語教育問題史』刀江書院、一九五一年七月）二頁
9　甲斐雄一郎（『国語科の成立』東洋館出版社、二〇〇八年一〇月）は、題材における地理、歴史、理科などからの相対的な自立性の獲得、形式における新たな規範の確立、読書、作文、習字、話し方の統合の論理の獲得、という三つの指標から国語科の成立の経緯と意義を明らかにしている。
10　中村紀久二『教科書の社会史』（岩波新書、一九九二年六月）に詳しい。
11　吉田裕久「国語教育史」（『国語教育総合事典』朝倉書店、二〇一一年一二月）一九五頁
12　滑川道夫『日本作文綴方教育史1　明治篇』（国土社、一九七七年八月）
13　芦田恵之助の指導観及び論争の詳細等は、『綴り方教授法』（香芸館出版部、一九一三年三月）、白鳥千代三編『小倉講演綴方教授の解決』（目黒書店、一九二一年四月）に詳しい。後者には「強いて求めるならば教師のニコニコ顔が文を書くための予備」とある。
14　高橋一郎「明治期における『小説』イメージの転換――俗悪メディアから教育的メディアへ――」（『思想』No.八一二、岩波書店、一九九二年二月）参照。
15　サクラ読本については、藤富康子による『サクラ読本の父　井上赳』（勉誠出版、二〇〇四年七月）、『サイタサイタサクラガサイタ』（朝文社、一九九〇年六月）に詳しい。
16　西尾実「文学教育とその歩み」日本文学協会編『文学教育』（東京大学出版会、一九五五年）七頁
17　時枝誠記「国語教育に於ける古典教材の意義について」（『国語と国文学』一九四八年四月）
18　澤畑正一「農村に於ける児童詩の正しい在り方」（『国語教育研究』第四巻第四号、北日本国語教育研究会、

一九三五年一〇月）

19　倉澤栄吉は、『大村はま国語教室1』（筑摩書房、一九八二年一一月）の「解説」で、大村はま単元学習の「水源」は理論にあるのではなく、「そこに有るものは、焼けただれたコンクリートと破れた窓だけであった」、「国語単元学習の生成は、『無』からであった」と述べている。

20　石森延男「国語教科書の編集意図と取扱い」（『文部時報』一九八四年四・五月）二〇頁

21　その経緯や理由については、吉田裕久『戦後初期国語教科書史研究』（風間書房、二〇〇一年三月）の「第3章　戦後国定国語教科書」に詳しい。

22　垣内松三の主著『国語の力』では、しばしば「現代文学は大体に於いて四種類の類型を示す」といった前置きで「モウルトン」の理論をもとにした現代文学の分類が解かれている。

23　輿水実「言語教育と言語教材の理論」（『言語教育と言語教材』金子書房、一九五〇年九月）、一一～一二頁

24　沖山光「言語教育と言語教材の実際」（『言語教育と言語教材』金子書房、一九五〇年九月）、二四六～二四七頁

第二章　戦後国語教育は文学に何を求めたのか

―文学の鑑賞と人間形成―

（1）輝ける文学

鑑賞のリバイバル

一九五〇年代は「鑑賞」の時代だった。この時期の日本社会は文学への関心が高く、国語教育の中心にも文学の鑑賞が確かな存在感を放っていた。西尾実と時枝誠記の論争はその後も継続するが、それとともに両者の国語教育観もまた深まりを見せていった。

念のため繰り返すが、西尾は言語教育を否定し、文学教育こそが国語教育だと言ったのではない。文学教育に偏りすぎて行き詰まった過去を顧みたとき、むしろ言語教育としての側面を徹底するためにも、言語教育と文学教育とは区別したほうがいいというのが、彼の考えだった。そして、その文学教育についても、旧来通りのままでいいとは考えていなかった。言語教育を充実させるとともに、新しい文学教育を前進させること。これが西尾が描いた国語教育再出発の構図だった。そのとき西尾は、戦後の文学教育が進むべき方向を、鑑賞という聞きなじみのある用語に新たな意味付けを施して、次のように指し示した。

これまでの文芸教育は、文芸活動を経験させることでなくて、文芸研究を経験させることに力点が置かれていたために、鑑賞は解釈の前提としてのみ扱われ、さらに、できれば、解釈からの発展としての、学問的評価にさえ達しさせようとするものであった。（中略）鑑賞においては、作品の普遍的、客観的な意味が問題なのではなく、作品が、ある時ある人に何をさゝやいたかという。個人的、主観的な真実が問題なのである。[1]

西尾はこのように「個人的、主観的真実」としての鑑賞を充実・発展させることが新しい文学教育の方向性だとして、この数年後、都立高校教師だった荒木繁の実報報告を契機に「問題意識喚起の文学教育論」を提唱することになる。「文学」の価値が戦後の荒廃と対峙し、人間形成に寄与するものとして語られるとき、国語科における「読むこと」は、鑑賞という用語と不可分だった。

そもそも鑑賞という用語は、英語のappreciationの訳語として、明治後期以降、芸術分野の専門用語となり、大正期には文学の分野でも用いられるようになった。[2] 大正デモクラシー、個性尊重、児童中心主義といった思潮が広がり、国語教育における芸術的運動の視点から様々な議論が展開され、創作と対になる芸術活動として鑑賞が注目されたのだ。ちょうどその頃に創刊された国語教育専門誌『国語教育』（保科孝一主幹）を調べてみると、文学教材の鑑賞指導に関する論考が、大正期を通じて増加していることがわかる。また、この頃、ドイツの解釈学や生哲学を基調とした個人の生の体験、直観の把握を重視する「生命主義」の国語教育観が台頭しており、綴方・読方教授の両面から、鑑賞は生命の表現である文章を捉えるための必須の用語として広まっていた様子がうかがえる。

しかし、こうした鑑賞への注目の高さ対して、現場の教師や研究者等による多くの疑念や批判の声もあった。いたずらに難解な理論を振り回して鑑賞を説く風潮や、必要な指導をせずに子どもの好き勝手な読みを放置しているという指摘、「内容偏重」による学力低下への危惧などが、語学主義の反動として起きた鑑賞主義の悪しき風潮として問題視されるようになっていたのだ。[3] こうして鑑賞という用語は、教師は何も教えず、ただ文学少年や文学少女を生産しているだけだという批判とともに、次第に遠ざけられるようになり、それ以上の理論的な解明はなされぬまま戦争の時代へと突入していった。

こうした意味で、鑑賞はすでに手垢のついた用語だった。西尾にとってもかつては、戦前の代表的著作『国語国文の教育』（一九二九年）等で述べていたように、直観・鑑賞は認めつつも、あくまでも正しい解釈・批評に至る過程で乗り越えられるべき読みの段階でしかなかった。しかし、戦後になって西尾の鑑賞概念はかつてのそれとは一線を画し、読みの過程における否定的段階ではなく、読み手の「個人的、主観的な真実」という確固たる価値として位置付けられた。この「主観的真実」は、後に「主体的真実」と言い換えられるが、このことは、文学鑑賞の価値を読者の側に認めようとする立場の表明でもあった。[4]

西尾が時枝との論争で、文学教育は国語教育の現段階においては独立的に考える方が妥当だと自説を主張したとき、すでにその立論の根拠には「鑑賞の独立」という観念が明確にあった。後に詳しく述べるが、戦後の新しい文学教育実践は、概してこうした読者の側に読むことの価値を見いだそうとするものだった。西尾が語る「文学教育」はその嚆矢として、保守的心性のよりどころとしての「伝統」ではなく、読者としての学習者による鑑賞の価値を積極的に認めようとする革新性をもっていたのだ。

この時期、鑑賞に再注目したのは西尾だけではなかった。一九五〇年代になると国文学研究の領域でも鑑賞は市民権を得るようになり、鑑賞を冠する書籍や雑誌論考が大量に発行されている。また、学習指導要領においても、『昭和二六年版中学校・高等学校学習指導要領（試案）』（以下、「昭和二六年版（試案）」）は中学・高等学校の各指導事項に鑑賞という用語が頻出している。とりわけ高等学校の指導事項においては、多読・速読を含めて読書生活を広げるという視座から、文学の理解・鑑賞が読書領域への拡張と読書習慣確立のための要諦として位置付けられることとなった。文学教育という文言は登場しないまでも、学習指導要領史上、「昭和二六年版（試案）」は最も文学の鑑賞を重視したものといえるだろう。ただし、こうした一般的に使われる「鑑賞」は、「読み味わう」という辞書的な意味にとどまり、「個人的、主観的な真実」として読者の側に読みの成立を見ようとする西尾独自の概念とは異なるものだった。

ガイドラインとしての文学論教材

鑑賞という用語が国語教育を席巻していた一九五〇年代は、教科書検定制度がスタートし始め、民間会社から続々と新しい教科書が刊行されていった時期である。では、当時の「正しい鑑賞」とはどのような内実を備えた「読むこと」を意味していたのだろうか。

中学・高等学校の国語教科書、とりわけ高校用には多種多様な文学論教材が採録され、人生における文学の意義や「正しい鑑賞」の方法が説かれていた。文学とは何か等を論じた文学論教材は、詩や小説・戯曲とともに、当時の国語教科書の文学的色彩を際立たせていた。[5]

一九五〇年代を通じて最も教科書採録が多かったのは、阿部知二と桑原武夫の文学論である。これに中村光夫、土居光知、塩田良平、本多顕彰、吉田精一等が続く。[6]阿部・桑原の双璧は、ともに採録直前に刊行された『文学入門』という同名の書物を出典としているが、この時期、作家や文学研究者等の手による多くの文学入門・概説書が刊行され、文学全集も一般家庭に普及して、日本社会全体が文学に高い価値を認めていた。戦後の復興、新しい民主社会の建設といった時代の息吹の中で、国語教育は、文学の「鑑賞」をあらためて教育的に位置付けようとしていたのだ。

その文学論教材を含む各単元の扉には、単元や教材の趣旨が書かれている教科書も少なくなかった。一例を挙げよう。

　われわれはふだん文学を鑑賞するのに、なんのために文学を読むのかを自覚しない場合が多い。多くの人は文学がおもしろいから読むのである。このことは人生に無意義なことであろうか。「文学と人生」はこの疑問を解決してくれるであろう。(中略)

直接文芸作品を鑑賞することも、もちろんたいせつなことであるが、文芸論はわれわれの文芸に対する理解を深め、文芸を正しく鑑賞する方向にわれわれを導いてくれる。広く文芸を読んで、かたよった鑑賞に陥らないように心がけよう。

(『総合新選国語三下』「単元八　文芸論」高等教育研究会、一九五二年)

文学と人生とが紐づけられ、その結び目の位置で「正しい鑑賞」が説かれる。こうした扉の文言や教師用指導書の編集要旨等を読むと、文学論教材が「文学による人間形成と文学理解の能力の向上」(好学社)に資するものとして位置付けられていたことがよくわかる。つまり、国語教科書に配置された各作品の読み・学習は、文学論教材を起点として、すべてこうした意義に向かうように編集されており、教科書全体を貫く通奏低音となっていた。文学の鑑賞はきわめて教育的なものと意味付けられ、文学論教材はそのガイドラインとして、教科書内のあらゆる文学教材をまとめ上げていく機能をもっていたのだ。では、当時採録の多かった阿部と桑原の文学論教材から、その時代、文学の価値はどのように語られていたのかを確認していこう。

阿部知二と桑原武夫

阿部知二（一九〇三～一九七三）といえば、代表作『冬の宿』を書いた作家のイメージが強いが、オスカー・ワイルド「獄中記」やメルビル「白鯨」、ディケンズ「二都物語」等の翻訳も多数手がけた英文学者でもある。阿部の文学論教材は、一九五一年に河出書房の市民文庫から刊行された『文学入門』の「七　文学と人生・社会」からの部分採録が最も多く、文学・人間・社会の三者の関係から、「生命の立証」をその本質とみる文学観が述べられている。そうした考えがよく表れている一節を引用しよう。

いいかえれば、文学とは――芸術とは、われわれが生きているということの証明をなすものである。ただ呼吸し食事しているという生き方でなく、あらゆる苦悩と矛盾と混乱の中にもあれ、われわれは厳然として、このかけがえのない生を持っているのだという、輝かしく、また、あるいは悲痛な事実の尊さを証明してくれるものこそ芸術である。その証明の方法は幾とおりもあろう。明るい喜びを歌うことによってそれをするものもあり、憂いと悩みの表現によってそれをするものもある。しかし、それらすべてが、最も広い意味において生命の賛仰の歌である。――そして、最も広く、かつ本質的な意味においての芸術の存在価値は、また最も正しい意味においての芸術の思想とは、そのような「生命の立証」であろうと信ずる。[7]

阿部はこのように、文学の存在価値を「生命の立証」にみる。人間が生きることや社会のリアリティーとつながっているという文学観は、当時の国語教育においては重要なメッセージになっており、文学・芸術に接することで自己が高められ人生が豊かになるという教養主義を基調としている。

実は、阿部の『文学入門』は一九三九（昭和一四）年に刊行された『文学論』（河出書房）が原型である。つまり、ベースは戦前に書かれたものなのだ。それを戦後になって改訂、改題して出版したのが、この『文学入門』だ。この巻末「解説」を担当した本多秋五は「一読して誰にもわかること、書かれていることがすべて尤もで、どこに文句のつけようもないこと、これはこの本の欠点といえば欠点である」と指摘しているが、確かに、文学を読んで作中人物の人生や作者の思想を追体験することが実人生を豊かにするのだという考えは、わかりやすいが優等生的であり、どこか説教くさい。本多は「中和的性質」という語でこの書を意味付け、さらに「著者のヒューマニズムは甘い」として「わかりやすさ」「甘さ」を指摘する。実は、この本多の批評は、次にみる桑原を含む文学論教材全般に当てはまる、急所を突いたものだった。

阿部とは一歳違いのフランス文学者、桑原武夫（一九〇四〜一九八八）も、大正期に旧制高等学校で教養主義を一身に浴びた同世代だ。岩波新書の一冊として一九五〇（昭和二五）年に刊行された『文学入門』の「第一章　なぜ文学は人生に必要か」からの部分採録が最も多い。

このように読者にインタレストを感じさせるのは、その作者が取り扱う題材にまず強いインタレストを持っているからである。もし最初から題材にインタレストを感ぜず、これから離脱して静観し得るというなら、それは模写とはなっても人を動かす文学とはなり得まい。（中略）またもし、文学者が真にインタレストを持たぬなら、これよりもあれというテーマの選択の生じようがない。事実すぐれた文学作品は作者が取り扱う対象に、これを私が、という強い個体的なインタレストを持った時にのみ生産されている。なぜだろうか。作品は一つの経験であり、インタレストのないところに経験は形成されないからである。[8]

文学を読むのは「面白い」からだと桑原はいう。たいへんわかりやすい導入から展開するその語り口には、いわゆる文学論のもつ堅苦しさはない。多くの読者を獲得したのも頷ける。岩波新書『文学入門』は、その後の文学入門書ブームの火付け役となった。阿部がなぜあのタイミングで二度目の改訂と改題まで行って戦前の著作を出版したのかも、おそらくこの桑原本の大ヒットの影響が大きいと思われる。一九五〇年代前半には、桑原や阿部のような外国文学研究者や評論家の手による入門書・概論書が続々と刊行されていた。

桑原本に対する当時の書評には、詩ではなく小説を問題の中心に据えた点が画期的であるという評価、文学享受の面から小説の性格を解明した点が大衆に受けた要因だという指摘等がある。[9] 戦前の国定読本『中等国文』における唯一の文学論教材「国文学の伝統」（芳賀矢一）が、「純日本的なもの」としての和歌を第一に取り上げていたことと対比すると、その違いは明瞭だろう。一方で、「明解さ」「教科書的」といった形容を付けて批判し、さらには桑原の私小説批判への違和感を表明しているものもある。この「明解さ」「教科書的」という形容は、先の本多による阿部への批判と共通する。

また、桑原本は教科書教材としてだけでなく、戦後の文学教育運動における一種のバイブルともなっていたようで、多くの実践者が参考文献としてこの書名を挙げている。[10] 読者の文学享受のあり方に焦点を当てた点は、まさに戦後の文学教育論の方向性と同調するものだったのだ。[11]

人気教材「赤蛙」

人間の「生命の立証」を描いたのが文学だとする阿部にも、文学の「おもしろさ」は作者のインレストの結晶に読者が主体的に触れることだとする桑原にも、作品世界に参入し、その世界を生きることで読者の人生が豊かになるという教養主義的な文学観がある。そして、そうした想定を可能にするのが、読者の追体験という読書行為だ。したがって、文学ならば何でもよいのではなく、大前提には「すぐれた文学」という対象の限定がある。だが、「すぐれた文学」とはいったい何だろうか。

この時期、今日、「定番教材」と呼ばれている文学教材は、まだほとんど存在感を示していない。また、一九五〇年代の教科書には、今日では「消えた文学教材」といえるものも少なからず掲載されていた。それらは、文学論教材と同じ単元に配置されたり、他の単元におかれていても手引き等で文学論教材との関連が示唆されていたりする。つまり、文学論が示す価値付けに見合う具体的な作品が選ばれていたのだ。それらは文学論教材で説かれていた「人生」「人間」「生き方」の具体的なモデルとして、やはり、この時期特有のものだった。

例えば、島木健作の「赤蛙」は、一九五〇年代には一一種の教科書で採録された、当時の人気教材の一つだった。最近の高校生は、島木健作と言っても、その名前すら聞いたこともないだろう。目的と意志をもつて敢えて困難に立ち向かい、過酷な運命に挑み続ける赤蛙の姿が描かれた作品だ。その姿に感動する「私」のモノローグに読者が同化することで、人生への姿勢を感受すること。これが「正しい鑑賞」の内実と想定されている。一九六〇年代以降、急速に採録を減らしていき、今や完全に「忘れられた教材」となったが、一九五〇年代、文学の鑑賞が価値の高い教育内容として捉えられていた当時の国語教科書においては、「赤蛙」は文学を鑑賞することの内実を鮮やかに示す典型的な教材だった。次の場面からは、その雰囲気がよく伝わってくる。なお、当時の教科書では全社で「赤がえる」の表記が採られていた。

赤がえるは向こう岸に渡りたがっている。しかし赤がえるはそのために何もわざわざ今渡ろうとしているその流れを選ぶ必要はないのだ。下が一枚板のような岩になっているために速い流れをなしている所が全部ではない。急流のすぐ上に続く所は、よどんだゆっくりとした流れになっている。流れは一時そこで足を止め、深く水をたたえ、次の浅瀬の急流に備えてでもいるような所なのである。その小さなふちの上には、柳のかなりな大木が枝さえ垂らしているという、赤がえるにとってはあつらえ向きの風景なのだ。なぜあのふちを渡ろうとはせぬのだろう。

（『総合高等国語三下』中等教育研究会、一九五〇年）

この「赤蛙」は、一九四六年一月の『人間』創刊号に掲載された島木健作の遺稿である。急流に抗い、格闘の末に死に至る赤蛙の姿に打たれた「私」の深い感動が綴られている。

わたくしがそんなことを考えている間にも、赤がえるはまたも失敗してもどって来た。わたくしはそろそろ退屈し始めていた。わたくしは道路から幾つか石を拾って来て、中洲を目がけて投げ始めた。赤がえるを打とうという気はなかった。わたくしはただかれを驚かしてやりたかった。かれに周囲を見回すきっかけを作り、気づかせてやりたかった。

石は赤がえるの周囲に幾つも落ちた。ふちにも落ちて、どんぶという音はこっちを見よとでも言うかのようだった。赤がえるはびくっとしたように頭を上げたり、ちょっと立ち止まったりしたが、しかし結局予定どおり動くことをやめなかった。飛び込んで泳ぐこともやめなかった。

（同教科書）

生き物の生態や死に直面し、その有り様を観察する私小説、心境小説としての類似性から、志賀直哉の「城の崎にて」、梶井基次郎の「交尾」等と対照させて論じられることも多い作品だ。

作者の実人生

急流に挑み続ける赤蛙の姿に「私」の眼は奪われ、そこに自己を重ねる。一九五〇年代、「赤蛙」の評価を決定付けたのは中村光夫（一九一一〜一九八八）の「傑作」「優れた散文詩」等といった次のような批評（一九五五）である。

この優れた散文詩は作者が病中の散歩の途上に見た一情景のスケッチにすぎないものであり、おそらく島木氏自身がそれを事々しく論じられるのを意外に思うであろうが、しかしこの些細な風景はそれを凝視する氏の肉眼と渾然と溶けあい、氏の精神の息吹きに痛ましいほどの荒々しさで貫かれている。（中略）倫理と思想の問題に取り組み、そこに生命を捧げて悔いなかった島木氏が、その心の最後の拠り所としたのは、おそらく自然であった。[12]

この中村光夫の批評は、教科書の教材採録の意図や教材観を示すために、教師用指導書にしばしば引用されている。当時の教材論にも、この論を下敷きにして、「読者がこの作品に感動するのは、赤蛙の運命に作者の悲劇的な生涯の縮図を見るからである」「この作品の本質は、小説的というよりは、むしろ散文詩的というべきで、転向を余儀なくされた、不幸な時代に生命を張りつめて真実に生きた者の激しい意思の叙情が感じられ、時流に抗する痛ましい魂の光景が読むものの心を打つのである」と、「作者」の実人生との出会いに重きを置いた教材価値論を展開しているものがある。[13]若き日に左翼運動に身を投じ、弾圧の中で必死に抗うも転向を余儀なくされ、後に病に倒れる島木の人生と、そうした倫理的な姿勢とを作品の「私」の感動に重ねる読み方がこの作品を教材たらしめていたのだ。

各社の「学習の手引き」をみると、やはり「作者」という語が頻出している。ちょうど阿部の文学論とセットになっているものがあるので、その教科書の手引きを見てみよう。

> ・作品理解のかぎとして、作者島木健作の作家とその経歴について調べてみよう。
> ・この作品は作者最後の作品であるが、ここには晩年の作者のどのような心境が表現されているか。
> ・前の「文学と人間社会」の中にあった「文学とは――芸術とは、われわれが生きているということの証明をなすものである。」という定義の上に立ってこの作品を論じてみよう。
>
> 【「十　文学と人生」『高等学校国語総合三下』昇龍堂、一九五五年】

このように、手引きの設問は、作中の「私」＝「作者」島木健作と捉える枠組みが自明の読み方として前提されている。端的にいえば、「赤蛙」を「鑑賞」することとは、文章から作者の人生観を読み取り、その人生観から自己のそれを照らし返すこと、である。そのために、「作者の経歴」や「晩年の作者」の人生を参照することが指導計画に盛り込まれている。

つまり、当時「赤蛙」は作家研究のフレームで教材化されていたのだ。そのための資料として作品があり、作品を読むことは作家・作者の人生や人生観と出会うことにほかならないと考えられていた。このことは、次のような教科書の扉に書かれた読者（＝学習者）へのメッセージからもうかがえる。

> 人生探求の意欲に燃える若い人たちのために、この単元を置く。（中略）島木健作の作品「赤がえる」は、ともにわれわれの生き方に資すべきものをもつはずである。
>
> 【「一　人生の探求」『高等学校国語三下』好学社、一九五六年】
>
> ここに取りあげた「赤がえる」・「妄想」の二編はいずれも短編であり、そこには作者のすぐれた人生観の一端が示されている。これらを読んで、短編小説の主題の取りあげ方や構成の仕方ついて考え、さらに作者とともにそこに取りあげられている主題について考えよう。
>
> 【「七　小説」『総合新選国語三下』高等教育研究会、一九五二年】

さらに、教師用指導書でも、こうした作者の人生観との出会いこそが「文学の鑑賞」の意義であると強調されている。「赤蛙」は、こうした作者との通路を絶対視する読み方や読むことの意義と不可分で教材化されていた。

そして、このような読み方を方向付けるガイドこそが、他ならぬ文学論教材だったのである。文学論教材は一九五〇年代の国語教科書の花であり、文学の鑑賞による人間形成という教育的な意義を表したものだった。しかし、一九七〇年代以降は文学教育運動の退潮とともに、次第に教科書から姿を消していくことになる。

（2）幻の教科書

文学編と言語編

これまで見てきたように、文学論教材は、戦後まもなくの教科書教材の花だった。誰のどのような文学論を掲載するかが、その教科書の色を出すと考えられていたかのような競演ぶりだ。ちょうどその頃、ほんのわずかな期間ではあったが、中学・高校の国語の授業では、文学編・言語編と呼ばれる分冊教科書が使われていた。ほとんど一期のみで消えていったので、今日では、その存在は全くといっていいほど知られていない。いわば幻の教科書である。[14]

この分冊教科書は「昭和二六年版（試案）」に基づいて発行された中学校と高等学校用で、当時の経験主義教育観にもとづく学習指導のために発行された。

経験主義・単元学習の考えからすると、教科書も、学習者が主体的に学ぶための資料の一つだった。名文や美文を読んで教師がその内容を教える戦前の国語教育とは教科書そのものの位置付けが大きく変わる必要があった。学習者自らが課題意識をもつて能動的に学び、経験の中で言語技能を身に付けていくという新しい国語教育への転換のために、教科書の位置付けについてもメスが入れられたのだ。

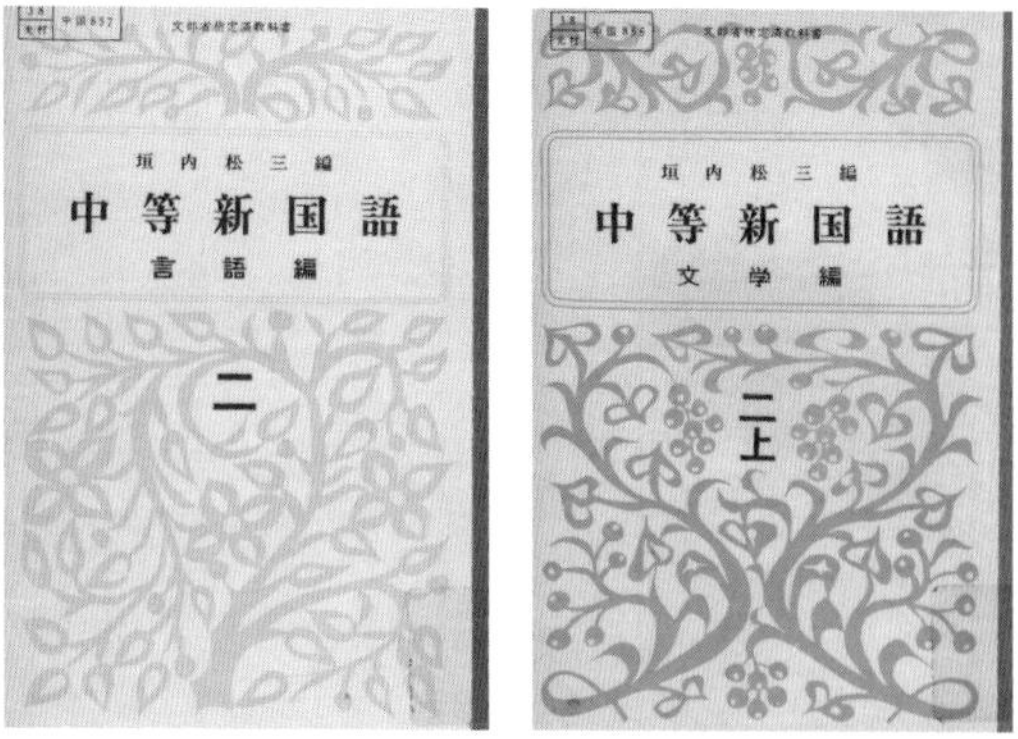

図１：『中等新国語 文学編・言語編』光村図書出版，1952年

新しい教科書の位置付け

現在では、科目ごとに異なる教科書を用いることは当たり前だが、この時期、中学も高校も、漢文を除くとまだ性格の異なる個別の科目に分化していない。では、文学編・言語編は、どのような使い方が想定された教科書だったのだろうか。「昭和二六年版（試案）」の発行によって、国語科は初等教育から後期中等教育まで一貫した原理によって系統付けられることとなった。前章で述べたように、「昭和二二年版（試案）」は、アメリカのコースオブスタディーを手本に、きわめて短時日の内に作成されたものだった。しかし、この「昭和二六版（試案）」の段階では、日本側がようやく経験主義教育を深く理解し学習指導の原理を体系的に示したものとなった。国語科を「聞くこと」「話すこと」「読むこと」「書くこと」の各領域に整理し、国語科の単元学習の実践をいかに

進めるかに力点を置いたものとなっている。学習指導要領といっても、まだ「試案」の二文字がついていた時代であり、あくまでも参考としての教育内容の基準、現場の教育実践のための手引きであり法的拘束力はなかった。もちろん、戦前の教授要目とは比べ物にならないくらい詳細かつ丁寧に作成され、国語科の体系性と系統性が考えられたものとなっていた。

単元学習の具体例も挙げられている。中学では「会議の進め方」等、高校では「短編小説」等が紹介されており、いずれも（一）単元設定の理由（二）目標（三）内容（四）学習活動の例（五）評価（六）資料の六項目からなる詳しい解説が施されている。

ただ、この「昭和二六版（試案）」発行当時、すでに世間の経験主義批判は頂点に達しており、文学教育や生活綴方教育等を推進する側からの対抗的言説も大きな存在感を示していた。それだけに「昭和二六年版（試案）」は、そうした批判にいかに応えうるかという説得性や責任も問われるものとなっていた。そのため、経験主義・単元学習では学力が付かないといった批判に対して、国語能力表を付す等、系統学習や学力論への目配せも怠らなかった。

その「昭和二六版（試案）」の中で、戦後の新教科書の機能や性格については、「生徒が楽しんで文学を読みながら、そこから話したり、書いたりするような活動が起こり、必要な言語技術や文法の力が学ばれるような教科書も要求されている」といった学習のための資料として刷新された、新しい国語教科書の必要性が指摘されている。文部省は、従来の国語科には欠落していた教科内容と学習指導の改善のために教科書を大きく変更することは避けて通れないと考えていたようだ。その上で、文学編・言語編教科書に関しては次のように述べられている。

国語科の教科書は、学習資料を組織的に集成したものであるから、国語科として一本のものでもよいし、文学編・言語編などに分けたものでもよい。分けた場合でも、相互に密接な連関を持って、国語科の目標が果されるようになっていなければならない。

（「付録二　中学校・高等学校の国語科の教科書はどうあるべきか」）

「分けた場合でも、相互に密接な連関を持って」とある部分に分冊教科書発行の意図が集約されている。つまり、両者はバラバラで使うのではなく、関連付けながら学習を展開していくことが想定されているのだ。

「国語科として一本のもの」とは、総合編教科書を意味する。各教科書会社の判断によって、分冊教科書だけでなく同時に両者の内容を併せた総合編も発行されていた。こうして中学・高校の国語教科書は、文学編・言語編の分冊か、両者の内容を一つにまとめた総合編のいずれかを使用することとなった。

分冊教科書の内容

文学編という名称から、文学作品だけが集められた教科書をイメージするかもしれない。しかし、

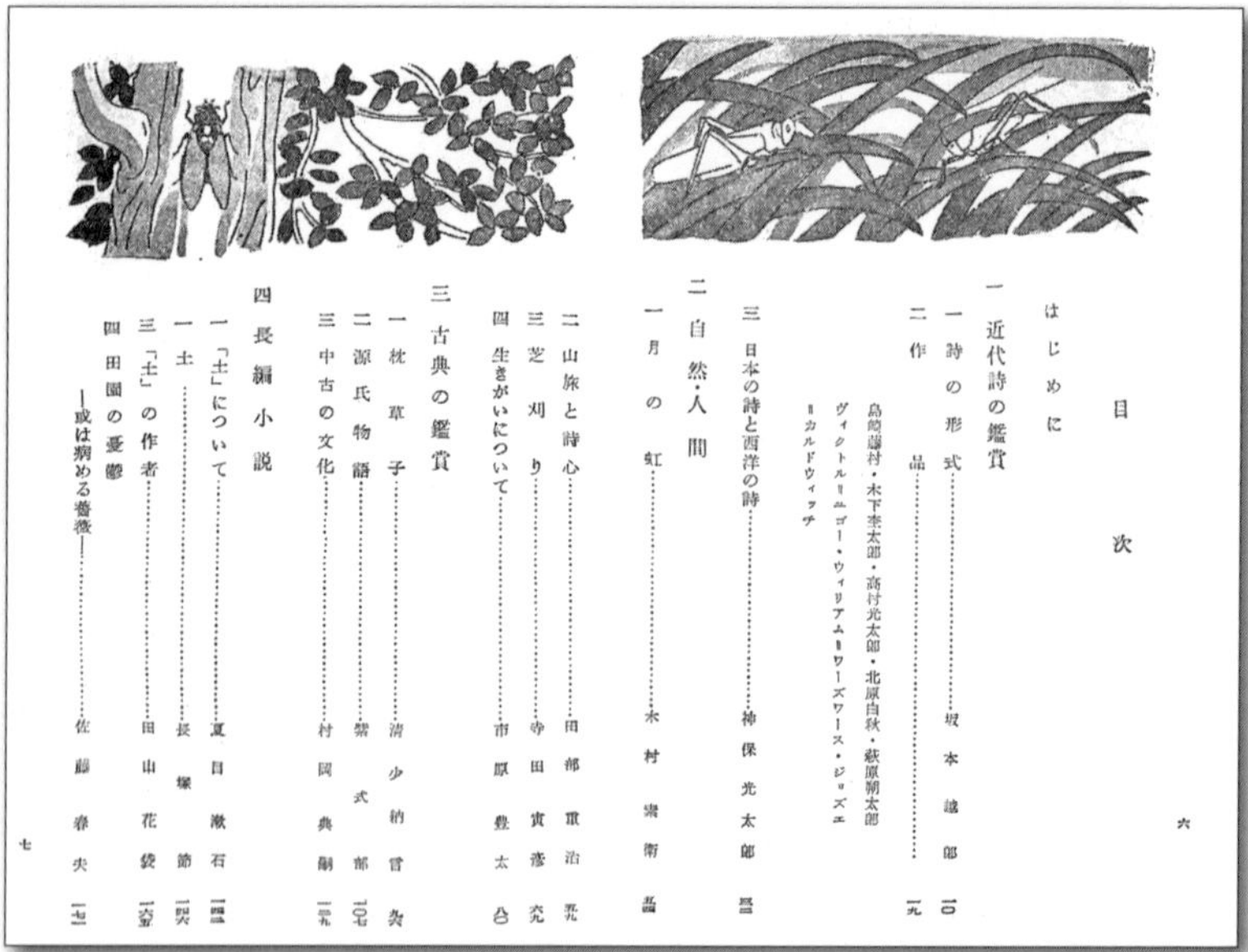
目次

七

図２：『高等標準国語　文学編二』教育図書、1958年

実態は異なる。各教科書の目次をみると、随筆、詩歌、伝記、記録・報告、編集委員の解説文等、多様なジャンルの文章から構成されており、外国の翻訳作品や日本の古典文学も幅広く採録されている。さらに、写真や新聞記事も文学編には含まれていた。

一方の言語編も、その名称から文法教科書を思い浮かべる人もいるだろう。だが、これも名称からはイメージしきれない幅の広さと、それまでの国語教科書にはあまり見られなかった斬新さを持った教科書だった。文法やことばの決まりといった言語要素に関する内容はもちろんのこと、手紙の書き方やレポートの書き方、スピーチの仕方等の表現方法、読書の仕方や古典の味わい方等の文章理解の方法、そして、ラジオの聞き方、編集の仕方といったメディア学習等、従前の国語教科書には見られなかった内容

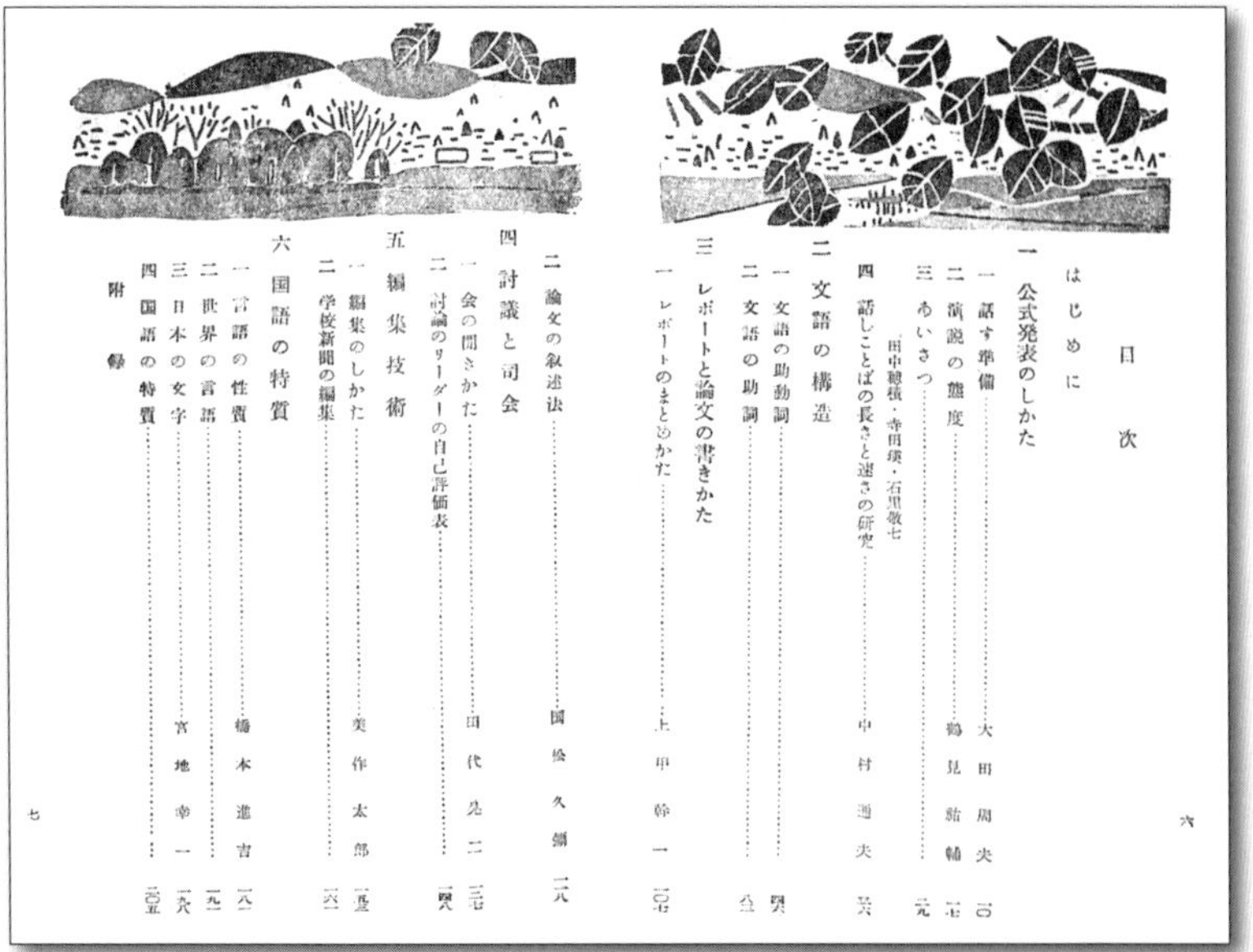

目次

六 七

図3：『高等標準国語 言語編二』教育図書、1958年

で構成されていた。一口でいって、言語編は言語技能や学び方を内容としており、言語教育としての国語科学習指導を実現していくための要となる方法知を供給する役割が期待されていたのだ[15]。

戦前の国語読本・国文読本の時代からわずか十年程度で国語教科書がこれほどの進化を遂げた事実に驚かざるを得ない。名文を読んでその内容を理解する。それが国語だったし、国語で教えること・学ぶことと教材内容を理解することとは、ほとんど等しかった。ところが、国語科の学習が「読むこと」「書くこと」「話すこと」「聞くこと」という言語経験にあるとする戦後の学習指導要領路線では、国語教科書も学習を成立させるための資料の一つであり、このことは国語科の教科内容が文章内容だけではないことを示唆している。今日から見ても、言語表現

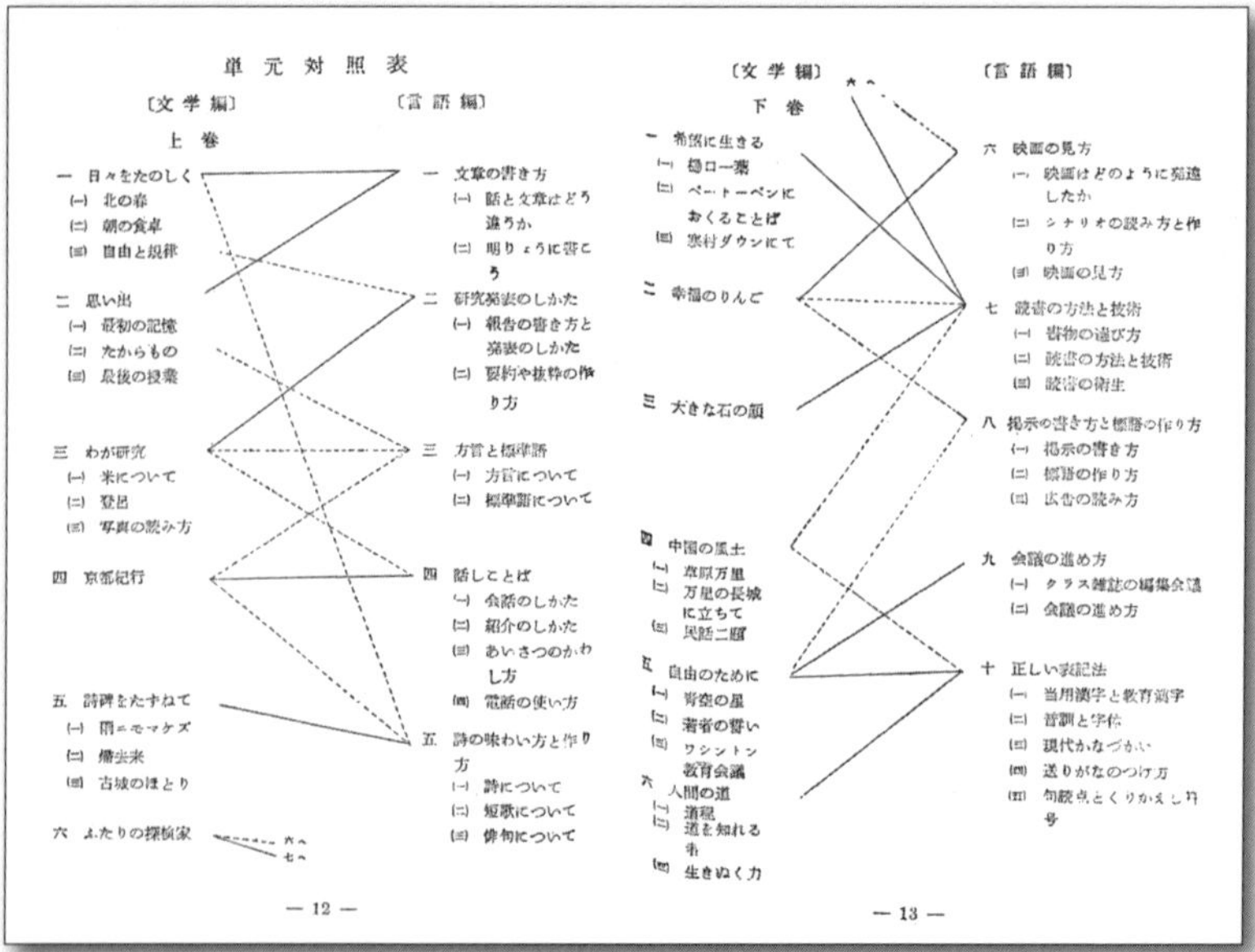

図４：単元対照表（『中等新国語　文学編　二上』光村図書出版、1952年）

への着目とメディアの中での言語能力をこれだけ網羅しているというのは、相当の先進性を持っていたといっていいだろう。

そして、これらの分冊教科書は、それぞれバラバラに使うのではなく、相互に該当する単元や文章を関連付けて、現場の教師が教室の実態に即した単元をデザインすることを期待して作成されたのだ。中には、上図（光村版『中等国語文学編一上』）のように、「相互に密接な連関をもって、国語科の目標が果される」ことを、巻末に明示している教科書もあった。

このように、文学編は、詩や小説、古典をはじめ、論説や新聞記事、戯曲等、様々な文章が集められた文章資料集であり、一方の言語編は、言葉の決まり、文法だけでなく、スピーチの仕方やレポートの書き方、討論の仕方といった方法知を凝縮した教科書だった。その意味で言語編は文法の教科書というより、現在の「国語表現」の教科書に近い。

このようにそれぞれ性格の異なる、二冊の教科書を相互に関連付けながら、目標の下に単元（学習のユニット）を作り、それぞれの学習活動を展開していくという、新しい国語科学習指導の姿が目指されたのだった。

戦前の国語教育は、ある意味で「教科書ありき」だった。教師も教科書があってはじめて教える内容を手にすることができた。しかし、戦後の国語教育は、言語経験に置かれ、しかも、「読むこと」だけでなく、「書くこと」「話すこと」「聞くこと」といった、言語活動形態に即した言語教育の全体性を志向していた。そのためには、教科書の位置付けや役割も大きく異なり、学習のための資料として提供される必要があった。その大胆な試みが分冊教科書だったのだ。

分冊教科書の受け止め

しかし、こうした方針が学校現場に正確に受け止められ、浸透することはなく、その趣旨は理解されないまま、一九五〇年代の後半になると分冊教科書はほとんど発行されなくなっていった。あまりにも斬新すぎた、といえばそれまでだが、とりわけ言語編は不評だった。もちろん、背景には一般大衆の掲げるプラカードに「反米愛国」が躍る時代の空気もあり、占領軍アメリカが持ち込んだものへの反発があった。また、すでに経験主義教育への批判も強まっていた段階での発行だったが、戦前の国語教育の姿しか知らない現場の教師たちにとっては、とりわけ言語編の意義や使い方はよくわからないものであり、きわめて不評だった。次に示すのはある高校教師の意見である。

教科書も「言語編」「文学編」とわけたものが出ている。これほどにやかましく言われると、なるほど「言語教育」がこれからの社会人に必要であることはわかる。しかしこれを実際にどう指導して行くか。教師自身の教養をふりかえって見ると、国文学方面の教養はいささかあるが、国語学とか言語学とか、国語そのもの、言語そのものについての教養はあまりないという人が多い。それで「言語教育」を指導する自信がない。ここに一つの悩みがある。教室における時間は限られているので、自信のないものの指導に時間をかけるよりは、扱いなれた古典文学の指導に時間をかけた方が、効果的だし、教師も楽だし、生徒も受験準備に都合がいいだろうと考える[16]

かなり率直な受け止め方を吐露しているが、おそらく同様の思いを抱いていた国語教師は多かっただろう。よく、教育は再生産といわれる。自分が受けてきた教育、自分が知っている教育だけを繰り返す、そこには経験に支えられた確信とともに未知のものへの違和感や恐れがあるのかもしれない。言語編は、当時の多くの教師にとっては未知のものであり、どう扱っていいかわからないというのが本音だった。

一方、言語編そのものにも、大きな課題があった。教室の実態が、右の引用のように不慣れな教師が多いのだとすれば、未経験であっても扱えるような配慮と工夫が必要だった。しかし、ほとんどの言語編は、それぞれの事項についての概説の域を出ず、具体的にどのような学習活動を展開すれば、各単元の目標とする言語技能や方法知が身に付くのかが見えなかった。つまり、具体的な学習指導については使用する教師に丸投げされていたのだ。[17]

そもそも中等教育の国語教師はほとんどが元国文学徒であり、その拠り所はやはり文学にあった。そして、時はまさに時代の変わり目だった。サンフランシスコ講和条約によって、日本は独立を果たすが、同時に日米安保体制の開始を意味していた。そのタイミングで、『山びこ学校』(無着成恭)や『山芋』(大関松三郎)のヒットに代表されるように、戦時中の弾圧から復興をみせた生活綴方教育とともに、文学教育論が熱を帯びて語られるようになる。アメリカの示唆を受けて作成された学習指導要領なるものから、形式的な言語技術主義の臭いを感じとっていた教師たちの対抗軸こそが生活綴方や文学教育だった。

文学教育に進むべき路を見出していた人々は、次第に文学科の独立を唱え始めた。言語教育全般を指導する国語科の中に同居していたのでは、真の文学教育は実現できない、国語科から独立すべきだという論調は次第に当時の文学教育運動の方針となっていった。

分冊教科書もこうした文脈から理解され、言語編は言語教育のためのもの、文学編は文学教育のためのものという誤解も広がり、内容知と方法知の融合による単元学習の実現という本来のねらいは顧慮されることなく、言語教育か文学教育かという二者択一の議論とその結果としての文学編への集中、あるいは総合編の選択という事態を招くこととなった。

二項対立の問題

分冊教科書の当時の現場での使われ方について、石井庄司（一九〇〇〜二〇〇〇）が次のように述べている。石井は、戦後の中等教育段階の国語科をリードしたキーパーソンの一人であり、西尾と時枝の論争の中仕切りとなった対談を仕切った人物でもある。

国語学習の立場からいえば、カリキュラムのよりどころとなるものは、言語篇の単元であり、文学篇は、その資料の一部を精選して排列したものであって、取扱いの上では一体となるべきであること、これは今日の国語教育論としては一致した意見である。しかし、実際は担当者の人や数の上からいろいろの制約があると見えて、文学篇と言語篇は別々の先生が担当し、その間に有機的な関係が保たれていないということをよく聞く。そこで言語篇をもった人は、いわゆる国語学的な知識を中心とし、文学篇ではいわゆる鑑賞を中心とするといったあんばいである。[18]

このように、本来の意図や使われ方とは異なる使用実態によって、分冊教科書は短命に終わることになる。両分冊教科書が関連付けられて使われることなど夢のまた夢、それどころか、言語編の

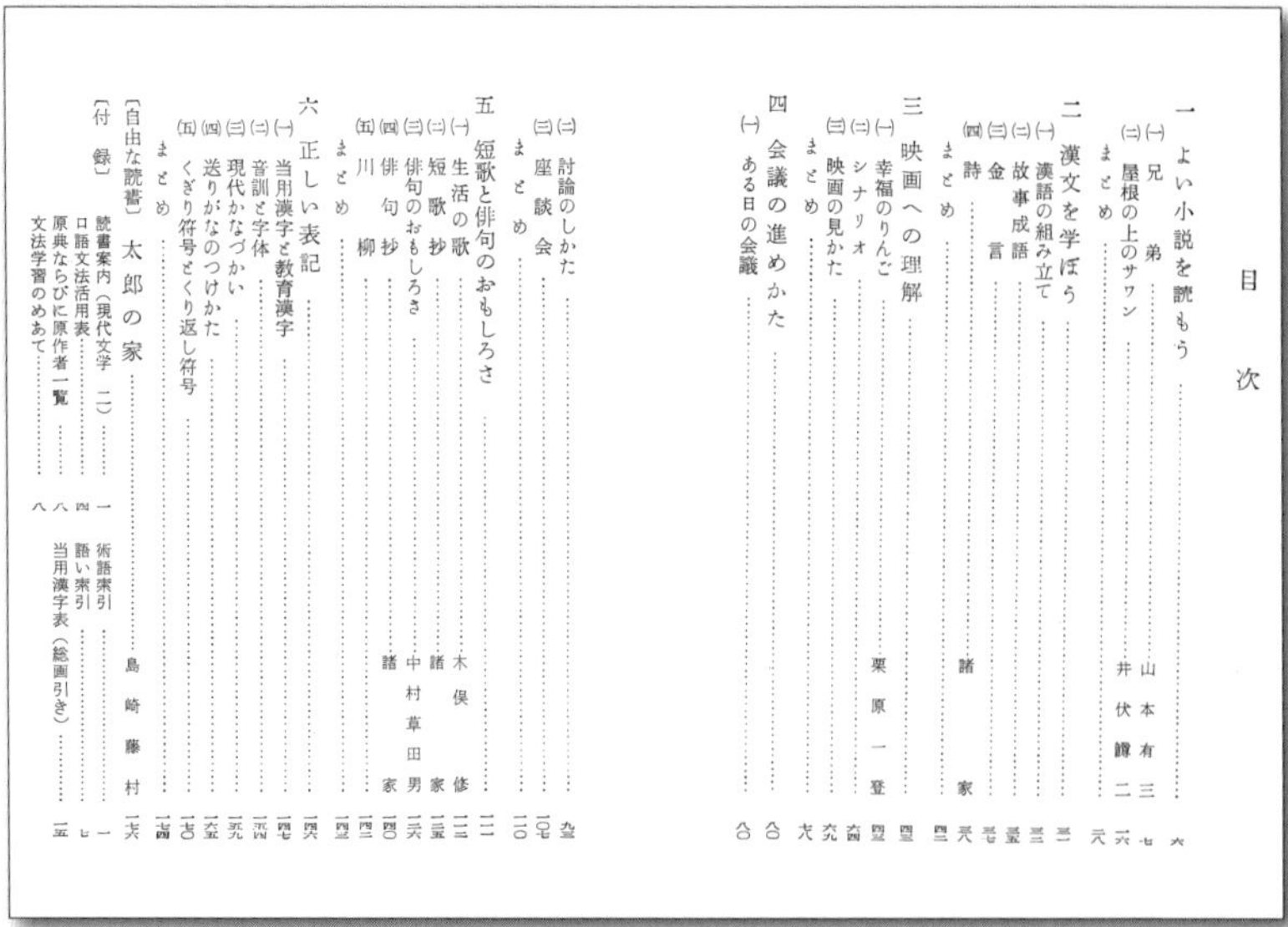

目次

図5：『中等新国語 総合編（改訂版）二上』光村図書出版、1956年

内容も国語学の知識に矮小化されたり、文学編も古典や名文の鑑賞に終始してしまうように、「これまで」の国語の枠組みに合うように変形されていたのだ。

分冊教科書の発行自体、はじめの三年間はそれなりの数が出ていたが、以降は急速に減少していく。代わって総合編が発行数を増やしていることからも、分冊教科書は使ってはみたが不評で、教科書会社も分冊教科書の発行を順次取りやめ、総合編に一本化していったことがうかがえる。[19]

この総合編の単元は、文章資料と学習方法とが、すでに融合した形で単元化されている。言語編が担う役割も、一つの単元の中に位置付けられているため、わかりやすく、使い勝手もいい。つまり、経験値の少ない教師でも、やろうと思えばやれそうだし、ある部分は使わないという選択もしやすいのだ。

当時、現場の状況を広く見ていた飛田隆は次のようにいう。

国語科の学習指導要領は、国語教育については、基本的な方向を示している重要な文献である。国語教育に従事する教師は、だれでも読んでいなければならない書物であろう。それにもかかわらず、それはむしろ少数の現場人しか読んでいない。単元学習は、指導要領にさえも、実例が示されている。しかし、そのような指導を実施しているものは、ごく少数の人たちである。[20]

鳴り物入りで登場した学習指導要領の影響が、いかに限定的だったかを物語っている。新教育の是非は議論されても、多くの教室ではほとんど旧来のものが維持されていたのが実態だった。だから、教科書は資料の一つだと言われても、多くの教師は、教科書の単元をそのままなぞるように学習させている。飛田は「単元の構成手続きを放棄した単元学習は、もはや、単元学習のもっとも重要な点を放棄した学習にすぎない」と手厳しい。[21]

しかし、そうした実態からすれば、総合編はまさにうってつけだったのだ。確かに、一つの単元として文章資料と言語技能の学習方法とがセットされている教科書の方が、単元的な展開に不慣れな教室にとってはわかりやすく、実践のハードルも低い。しかし、飛田のいうように、単元学習の核心となる単元自体のデザインを丸々教科書に依存し、かつてと同じように教科書に沿ってその内容を教える授業が継続できてしまうのだ。しかも、つまみ食い的にやりたいところだけやることも可能だ。

文学編・言語編が本来の意図通りに使われるためには、乗り越えられなければならないハードルがいくつもあった。その一つが、技術や方法を教えることへの抵抗感である。それは、価値のある文章に接することによる人間形成と裏腹で捉えられていたために、教師たちの意識の底に深く、また広く浸透していたと思われる。

（3）国語教育と人間形成

西尾の人間形成論

新しい文学教育を提起した西尾は、言語教育に背を向ける教室の実践状況に対して「重大な危機」を感じていた。新教育の課題や問題点を批判する風潮は、結局のところ、旧来のままの指導を継続することにお墨付きを与えるかのように働いたからだ。西尾は「いまの文学教育は、文学研究をそのまま教育の中に持込んで、結局、文学の喪失に陥し入れようとしている」と、言語教育批判への裏返しである文学教育への期待感が、逆に「文学の喪失」をもたらし、「危機」を招来しつつあると考えていたのだ。[22] 戦後の新しい文学教育は、教材にしても方法にしても刷新され、言語生活を豊かにすることに貢献するものにならなければならない、西尾はそう考えた。そのためには「鑑賞の回復」が重要であり、「文学を個性と個性とのふれあいとして経験させる」ような実践が必要になると。

この、西尾が考えるような新しい文学教育の実践は、一九五〇年代に入ってから具体的に登場し始めることになる。その一つが、都立西高校定時制の教師だった荒木繁による古典文学教育の実践報告だ。これは、万葉集の防人歌を生徒同士の話し合いだけで解釈を交流させ、高校生の生活と問題意識から「時ならぬ抵抗論争」に発展したとされる衝撃的なものだった。[23]西尾は、この荒木実践を「問題意識喚起の文学教育」と名付け、文学の「鑑賞」における読者一人ひとりの問題意識の重要性を訴えたのだった。

占領から解放された日本が真の独立を果たすためには、教育においても意味のある独立性が必要だった。折しも、生活綴方教育が復興したことと歩調を合わせるように、文学教育も、革新性をもった理論と実践が登場し始めることになった。荒木実践は、古典文学を教材としたものだったが、近代文学や童話を教材にした文学教育も、小学校から高等学校に至るまで旺盛に展開されていった。

では、当時の教師たちを文学教育の方向に突き動かしたのは何だったのだろうか。それは、おそらく次のような西尾の教育観に重なると思われる。

近代文学は、「人間いかに生きるべきか」ということに、文学の意義を見いだしている。それは創作活動の目的であるばかりではない、鑑賞活動の目標もそうでなくてはならないことを意味している。文学が人間形成にあずかり、道徳教育に触れるのは当然である。（中略）文学教育における人間形成といえば、一般には、文学作品が与える感動が人間の根源的な意識を喚びさまし、その思考・感動を純化し、人間的変革をもたらす点をさしているけれどもそれだけではない。更に鑑賞者その人の主体的な問題意識を喚起し、何らかの生き方を創造する。そしてそれが自覚的な活動となり自己批判を成立させるところに、深い人間教育が行われる。[24]

西尾が文学の鑑賞の先に見ていたのは人間形成だった。いや、こうした思いは西尾だけでなく、当時の多くの国語教育人に共有されるものだったといっていいだろう。「文学作品が与える感動」が、問題意識を喚起し、生き方への自覚を促す。そこに「深い人間教育」が達成されていく道筋があると。先に見た文学論教材とトーンは同じだ。無論、どのようなレベルで人間形成を捉えるか、そのための鑑賞をどう位置付けるか等は、論者によって差はあれど、目標とするところは同じだった。また、生活綴方教育を一つの頂点とする日本の作文・綴方教育の伝統でも、まさに良い文章とは書き手の人間性と表裏一体のものとして捉えられてきた。

一方、この頃、日本の教育は「逆コース」といわれる進路を歩み始めていた。敗戦によって消滅した修身の復活が取りざたされ、「道徳の時間」設置をめぐって大激論が続いていた。結局、「道徳の時間」は一九五八年に特設されるが、西尾を始めとした国語教育者は、文学教育による人間形成論を盾にして反対の論陣を張った。

こうして文学教育に保守的な郷愁を抱く側も、真の独立を象徴する新しさを求める側も、特設道徳という共通の敵が現れたことで、一九五〇年代の文学教育論はますます活性化していき、その勢いはそのまま一九六〇年代に引き継がれていくのだった。

時枝の人間形成論

すぐれた文学との出会いが人間形成を促す。こうした国語教育観は、おそらく今でも多くの国語教師に引き継がれているのだろう。当時、文学教育派の説く教養主義的な人間形成論とは異なる考え方を示したのが、時枝だった。

国語教育における人間形成の問題を、内容による感化主義にもって行くことが、果たして正しい見解であろうか。また、実用主義の国語教育を、人間形成に関与しないものと見ることが正しいのであろうか。更に、根本的に、国語教育を形式教育と内容教育とに分けて二元的に目的を考へることが、正しいのであろうか。[25]

こうした問いの立て方は、今から見ても斬新、あるいは異質な観を持たれるかもしれない。しかし、当時、時枝が戦後になって急速に国語教育への発言を強めたのはこうした問題意識からだった。先に述べたが、時枝は戦前の「惚れさせる国語教育」を反省し、「惚れさせない国語教育」を謳った。言語を内容と形式とに分け、内容のみに偏る教育では、その内容が天皇から個人へ、国家から民主主義へと切り替わったところで、内容への感化を促すという点では本質的には同じであることを喝破した。文学に代表される教材内容との接触のみに人間形成の契機を見出し、言語技能を身に付けることをまったく顧慮しようとしない国語教育観に異を唱えたのである。

国語教育は「言語行為の訓練そのものの中に、人間形成の場を見出すべきである」というのが、時枝の基本的立場だった。

自己の言語行為については、厳正に、他人の言語行為については、寛容な態度を以て、そして、言語の伝達に対しては、相互に慎重な態度を以て、臨むやうに躾けられたとするならば、そこにこそ、国語教育における人間形成があるのである。（中略）言語は、その手段としての機能において、私たちに、知識や道徳や情操や、その他の多くの教養を与へるであらうが、国語教育の描く国語的人間像は、そのやうな教養的人間像ではなく、正しく物を読み、正しく物を表現するところの人でなければならない。[26]

是非は置くとしても、時枝の論理は一貫している。文学教育と言語教育とを区別しない。内容の正しさではなく理解の仕方・表現の仕方の正しさを訓練するのが国語科の任務だ。言語能力を身に付けるためには方法・技術が不可欠だ。賛否は別として、各所で述べていたことと、この人間形成論とは別のものではない。その論理は明快である。まさに、国語科の本来の役割、任務を果たしていくとき、そのことがそのまま人間形成につながるのだと。

確かに、そもそも人間形成は国語科だけの専売特許ではない。実際、この時期は国語教育だけでなく、体育科教育や社会科教育等でも人間形成の問題が大きく取り上げられている。時枝も「各教科は、それぞれの教科に相応しい人間像を作り上げることによつて、やがてそれは、完全な一個の教養人を作り上げることが出来るのである」と、各教科等がそれぞれの角度から学習者の人間形成を担うと考えていた。つまり時枝は、国語科を理科や社会科のような内容教科とは捉えていなかったということだ。あくまでも国語の理解力と表現力を訓練し、言語技能を身に付けるのが国語科の役割であり、その責任を果たすことが学習者の人間形成につながると捉えていたのだ。

実は、時枝は一九四七（昭和二二）年の段階で、中等教育研究会（後の中教出版）から依頼を受けて検定教科書を作成している。その教科書とは、中学用「国語言語編」「国語文学編」であり、要するに分冊教科書である。残念ながらその教科書は検定不合格になるが、その後、先に述べたとおり、「昭和二六年版（試案）」に沿った検定教科書の基準が公になり、多くの文学編・言語編が発行されることになる。時枝の教科書も、この時の検定に通ってようやく日の目をみることになった。つまり、時枝には、既に「昭和二六年版（試案）」以前に分冊教科書の構想があったということなのだ。[27]

時枝の単元学習・総合主義批判の要諦は、活動さえさせていれば言語能力がつくのかという疑問に集約される。「戦後の国語教育の一大欠陥は、教育内容である言語行為の分析を殆ど行はず、却つて総合的生活単元の中に国語教育を投げ入れて、ただ言語行為の展開の契機を設定することにだけ腐心してきたことである」という批判である。[28] こうした観点から、総合主義ではなく分析主義を時枝は推奨・提案する。つまり、「読むこと」「書くこと」「話すこと」「聞くこと」の領域ごとに、それぞれ計画的・段階的に育成すること、総合主義についても全否定はせず、「分析的な基礎教育が一応完成した場合にこれを行ふことは、有効でもあるし、また必要なことである」として、カリキュラム上の関係をも明示していた。[29] 時枝の分析主義は、戦後の経験主義に欠けている視点を補い、再構成し、計画的・段階的な教育を進めるための軌道修正を図ろうとしていたと言ってもいいだろう。

大村はまの人間形成論

文学教育による人間形成論が花形の当時、時枝の「言語行為の訓練そのものの中に、人間形成の場を見出すべきである」という発想は奇異に映っただろう。しかし、時枝のように、文学教材の内容ではなく、自己の言語運用への自覚を高めることに、国語科ならではの人間形成の契機を見ていた中学校教師もいた。それは、大村はまである。

大村はまは、生涯を通じて、すぐれたことばの使い手を育てる国語単元学習を追求しつづけた。七〇歳を過ぎても現場にこだわり、九八歳でその生涯を閉じるまで、国語教育に身を捧げた人物である。彼女が、瓦礫の中の教室で、新聞の切れ端を使って単元学習を開始したことはすでに述べたとおりだが、経験主義批判が高まり、すでに下火となっていた中でも、独自の国語単元学習のために日々を費やすことをやめなかった。特設道徳批判が高まるとともに、しばしば国語教育系雑誌でも道徳教育に関する特集が組まれたが、その中で大村は、「聞くこと」の実践事例を通して、国語教育における人間形成を次のように語っている。

Sという、いつも声の低い生徒が、その日も低い声で発表をはじめた。五分間の予定の発表である。五十秒のころ、Kの「きこえません！」という声がかかった。Kは学習に熱心な生徒である。Kの「きこえません！」には、「きこえなくて困る。勉強ができないではないか。」と訴える気持ちがよく出ており、したがって、強い語気であった。Sは一瞬、話を切って、「そうですか、努力します。」というようすを見せた。しかし、次を聞いていると、とくに、声が聞きよくなったというところもなかった。二十秒たつかたたないうちに、今度は、えんりょしたような声で、Nの「きこえません」つづいていろいろなイントネーションで数人が、「きこえません！」「きこえません！」[30]。

この後、大村は、今の様々な「きこえません」という発言を生徒たちに振り返らせ、各人の心のありようと「きこえません」のイントネーションに、どのような態度が見え隠れするのかを話し合わせている。そして「聞く態度の根本は、人間の尊重である」と大村は指摘する。このように、何気ない一言や一場面の中に、国語教育における人間形成の契機が隠れていること、「自分のことばに責任を持つこと」が「しっかりした人間ということと深い関係がある」と語っている。こうした大村の考えは、当時の文学教育に代表される人間形成論とは異なるものだった。ことばの教育としての国語教育を、単元学習という器の中でどう展開するかという問いの基底に、自分のことばの使用に責任をもつという態度の育成を位置付けたものだった。

話し手への配慮や相手の身になって話す・聞くという、コミュニケーションの根幹に関わる教育が行われていたのが、大村の国語教室だった。ことばの使い手に求められる態度、自分のことばへの自覚と責任に心を砕く。こうした姿勢は終生ぶれることはなく、大村はま国語単元学習の通奏低音となっている。

注

1　西尾実「文学活動とその指導」（『言語教育と文学教育』武蔵野書院、一九四九年一〇月）一〇一～一〇四頁

2　西島千尋「〈鑑賞〉概念の成立　近代日本に於ける芸術受容の一側面」（『人間社会環境研究』第十八号、二〇〇九年九月）

3　大正期の鑑賞をめぐる議論や西尾の鑑賞概念の変遷については、幸田国広「『鑑賞』の史的把握――西尾実『鑑賞』概念の再検討を通して――」（『国語科教育』第七八集、全国大学国語教育学会、二〇一五年九月）参照。

4　注3に同じ。西尾の「主体的真実」については、桑原隆『言語活動主義・言語生活主義の探究――西尾実国語教育論の展開と発展』（東洋館出版社、一九九八年七月）参照。

5　日本近代文学史に軸足を置いた研究として、佐藤泉『国語教科書の戦後史』（勁草書房、二〇〇六年五月）が、文学理論、文学史、文学評論等、文学それ自体に言及する言説を「メタ文的言説」と呼び、「世界普遍の人間性、民主主義、近代的主体＝自由な個人の確立など要約される戦後啓蒙の理念」を体現する役割を担っていたとその性格を喝破している。

6　一九五〇年代の文学論教材の採録状況等、詳しくは、幸田国広「『文学入門』の時代」（『月刊国語教育研究』No.五三一、日本国語教育学会、二〇一六年七月）参照。

7　阿部知二『文学入門』（河出書房、一九五一年四月）一四九〜一五〇頁

8　桑原武夫『文学入門』（岩波書店、一九五〇年五月）一四〜一五頁

9　当時の書評には、詩ではなく小説を問題の中心に据えた点を画期的であると評価し、文学享受の面から小説の性格を解明した点が大衆に受けた要因だと指摘した杉捷夫（「桑原武夫著『文学入門』」『図書』八、一九五〇）がある。一方で、福田恒存（「桑原武夫『文学入門』——岩波新書——」『人間』五〜七、一九五〇）は、「作家読みから作品読みへ」という焦点の当て方を評価しつつも、「明解さ」「教科書的」といった形容を付けて批判し、さらには桑原の私小説批判への違和感を表明している。

10　渋谷清視「文学のジャンルとジャンル形式」（『講座　日本の文学教育　1文学教育の基礎理論』新光閣書店、一九六六年九月）

11　浜本純逸「解説」（『文学教育基本論文集（1）』明治図書、一九八八年四月）

12　中村光夫「島木健作」（『現代日本文学全集46　武田麟太郎・島木健作・高見順』筑摩書房、一九五五年四月）四一〇頁

13　分銅淳作「島木健作と『赤蛙』」（『國文学』學燈社、第四巻第一〇号、一九五九年八月）七五〜七七頁

14　幸田国広『高等学校国語科の教科構造　戦後半世紀の展開』（渓水社、二〇一一年九月）

15　注14に同じ

16　村重嘉勝「高等学校における国語教育方法の問題」（『実践国語』、一九五二年三月）二七頁

17　この点も、詳しくは注14の文献を参照されたい。ほとんどの言語編は、方法・技術をインデックスに示しながらも、既存の作家の文章等を示し、学習の手引きで、その内容（例えば、望ましい話し方とは何か）を理解する学習に止まる。ただし、後発の開隆堂版は、書き下ろしの本文に学習活動が埋め込まれた教材化がなされていた。

18　石井庄司「中・高校の国語教育」（『言語教育と文学教育』金子書房、一九五二年九月）二〇二頁

19　注14に同じ
20　飛田隆「第三の立場」(『明治図書講座　国語教育』第八巻、一九五六年七月)、ただし引用は、飛田隆『戦後国語教育史』(教育出版センター、一九八三年八月)一八四頁
21　注20に同じ
22　西尾実「文学教育の問題点と道徳教育」(西尾実・国分一太郎他『文学による人間形成』明治図書、一九五八年一〇月)十一頁
23　荒木繁「民族教育としての古典教育」(『日本文学』日本文学協会、一九五三年十一月)
24　注22に同じ、十四頁
25　時枝誠記『国語教育の方法』(習文社、一九五四年四月)、ただし引用は、『時枝誠記国語教育論集Ⅰ』(明治図書、一九八四年四月)四五頁
26　時枝誠記『国語教育の方法』(習文社、一九五四年四月)、ただし引用は、『時枝誠記国語教育論集Ⅰ』(明治図書、一九八四年四月)四八頁
27　時枝は「この新しい基準内容は、私の理解した範囲では、従来の基準内容とよほどその趣を異にし、私の理想とするところに極めて近いものであった」と述べている(時枝誠記『国語教育のあり方』(中教出版、一九五一年六月)、ただし引用は、『時枝誠記国語教育論集Ⅰ』(明治図書、一九八四年四月)一七四頁
28　時枝誠記『国語教育のあり方』(中協出版、一九五一年六月)、ただし引用は、『時枝誠記国語教育論集Ⅰ』(明治図書、一九八四年四月)一七九頁
29　時枝誠記『国語教育のあり方』(中協出版、一九五一年六月)、ただし引用は、『時枝誠記国語教育論集Ⅰ』(明治図書、一九八四年四月)一七八頁
30　大村はま「国語教育と道徳教育」(『実践国語教育』No.二一五、穂波出版社、一九五八年九月)六四頁

第三章　文学教育はどう展開したか

――文学科を求めて――

（1）文学科独立の夢

国分一太郎の批判

一九五〇年代の文学教育に対する期待感は、文学教育の純粋な実践の枠組みとして、文学科の独立や特設を求めるまでに高まっていた。一九五〇〜六〇年代にかけて、あらためて国語教育と文学との関係が問い直されたこの時期、多くの国語教育人・国語教育研究団体が、国語科から文学科を独立させる、あるいは国語科の中に文学科を特設するといった文学科独立論を口にし始める。それはまず「みんないいこ」読本に対する次のような批判から始まった。

国語読本が、もっぱら文学読本となることに、わたくしは反対である。コトバとモジの教育をするテキストが国語の教科書である。もし文学のよみかたや創作について指導したいならば、べつに「文学科」をおき、「文学読本」をつくればよいのである。（中略）国語教育は、言語活動の基本形のいろいろになれさせることのほかに、もつともつと、基礎的な、コトバやモジを、道具としてつかう能力をつちかうところに、大きな力をそそがれなければならないからだ。[1]

このように語ったのは、教育評論家の国分一太郎（一九一一〜一九八五）である。第一章で見たように、「みんないいこ」読本は占領軍の示唆を受けながら文部省が言語教育としての国語教科書を目指して作成されたものだ。四つに整理された教材文種の「むれ」に「言語教材」を加えて単元学習に対応しようとする、戦前の国語読本とはかなり趣の異なるものだった。それにもかかわらず、国分にはまだまだ「文学読本」に見えたのだった。

戦前、山形の教師として生活綴方教育運動に身を投じた国分は、折からの弾圧に遭い、退職を余儀なくされることとなった。敗戦後は、教育雑誌の編集に携わる一方、教育評論家としても活躍する。一九五一年には『新しい綴方教室』を刊行し、生活綴方教育リバイバルの風に乗って、日本作文の会の設立や教育科学研究会常任委員会等にも関わり、戦後の民間教育運動を牽引した風雲児となった。新教育を批判する国分は、「コトバと生活体験、コトバと認識、コトバと感情、コトバと文化、コトバと真実、コトバと行動などをつねに正しく結びつけて活用するようなコトバの力をつける」国語教育を求めていた。[2]

新教育のいう、教室というかりそめの「経験」の場ではなく、国分は子どもの生活現実と結びついたリアリズムの教育観を持っていた。そのため徹底して「コトバやモジ」の力にこだわり、文字、文法、文章等への自覚を高めさせ、言語の能力を育むことが国語科の任務だと考えていた。言葉の力は当たり前にあるものではない。その確信は、戦前の体験に裏打ちされている。

昭和初年代に山形の小学校の教壇に立った国分は、その時出会った子どもたちの現実の姿に衝撃を受ける。教室では、簡単な文章も読めないし、「綴方を書かせれば形象化どころか、二、三行の文さえ、ようやく綴るというしまつ」という実態に愕然とする。[3] 昭和初期は国語教育が学問的に大きく成長し、理論的に多くの業績が生まれた時期だった。高尚な理論とは別の、実際に教育を受ける、現実の子どもたちの姿に国分は衝撃を受けたのだ。

国分は、生活を見つめ、生活を通して書かせることにより、「コトバと認識を結合させ生きる力を育てる生活綴方」を志す。だが、戦時の時代の風は、生活綴方教育を国家に対する異分子として排除する方向に激しく吹き荒れていた。国分は教壇を追われた。しかし、戦後になり、一度挫折しかけた夢は、再び息を吹き返したのである。

こうした背景をもつ国分の信念からすれば、国語科はどこまでも「コトバの教育」でなければならなかった。そして、国語科で培った基礎的なコトバの力は、国語科だけで閉じられるものではなく、他教科や実生活の中でこそ豊かに実るという確信があった。そんな国分からすると、戦前の国語読本を反省し、言語教育を目指して作成されたはずの「みんないいこ読本」でさえ、文学臭さが感じられたのだ。

芸術教科としての文学科

児童文学者でもある国分は、もちろん、文学教材や文学教育を否定したり不要だと考えたりしていたのではない。むしろ、教育における文学の意義を重く見てもいた。

もとより文学こそは、言語が最高度に生かされた文章表現であるから、言語教育の中で文学をよませることは当然でもあろう。わたくしたちも、その時間を有効に活用しなければならない。しかし、ほんとうは、文学科とか、文学の時間といったものが特設されることを希望したいものだ。長い間にわたって、美術的絵画をえがかせ、美術作品を鑑賞させることが「図画科」として黙認されているのに、文学的芸術をよませる文学科というものは設けられていない。(中略)結局、国語教育の欠陥が、よい文学をよませる機会をとぼしくしていたのである。いまもその事情にかわりはない。言語教育と文学教育が雑居している感じ、そして文学教育といえば、いまだに古い国文学の教授を意味するようなことでは、とうてい新しい文学教育は生かされない。[4]

国分はこのように国語科の中で文学教育を行うのではなく、国語科とは別に、芸術科目として文学科を置き、言語芸術としての文学を扱うという文学科の独立を提起したのだ。

無論、文学科という発想自体は戦後になってはじめて登場するわけではない。遡れば、大正期に文学教材の鑑賞が脚光を浴びた頃には、国語読本に地理や歴史や理科等の内容が雑然と並んでいる現状を批判し、童話や童謡、俳句や和歌等といった文学教材をふんだんに取り入れることで「国語科をして文学科たらしめよ」といった主張も表れるようになった。[5] 国語教育が、ようやく語学的な教育から脱して、文学という新たな教材内容を国語科独自のものとして見い出し始めたこの時期、国語科がゆくゆくは文学科へと発展することが理想形として考えられてもいた。その後、昭和の戦前期になると、教育科学研究会が国語科とは別に「文学科」を立てた「望ましい教育制度」を提案している。[6] この時期は西尾実が言語活動主義と称して、日常の話し言葉などを基盤として国語教育を再構築する必要を訴えていた。つまり、戦前から、言語教育としての国語科とは別に文学科を設けるという考え方は胚胎していたのだ。しかし、そうした主張や考え方はまだごく一部にみられるだけで、国語教育の全体的テーマとなるのは、やはり戦後になってからなのである。国分は、その後も継続的に文学科の分離・独立を唱える。文学科を芸術教科として位置付け、「言語教育と文学教育の雑居」状態を解消することを提案し続けるのだった。[7]

国分と同じように、芸術教科としての文学科の独立を主張したのは、文学教育の会で委員長を務めた、久米井束（一八九八〜一九八九）である。一九五七年に発足した文学教育の会は、のちに日本文学教育連盟（以下、文教連）と改称する。

久米井の立論の根拠には、学校教育法第十八条八項があった。「生活を明るく豊かにする音楽、美術、文芸等について、基礎的な理解と技能を養うこと」に基づき、「音楽」や「図工」「美術」はあるが「文芸」には独立した教科・科目が存在しない。現状では国語科の中で、ことばの学習として混在しているだけだ。「文学は文学としての独自の機能に立ち、人間成長のための教育課程として、その地位を占めなければならない」[8]と。こうした久米井の考えを基に、後に文教連は図1のような構造図を提起する。[9]

　こうした芸術教科としての文学科のビジョンは認めつつも、「すこし文芸を特別あつかいしすぎている」と指摘したのは、心理学者の乾孝（一九一一〜一九九四）だった。乾は久米井の提案を理解しながらも、一方で「コトバによって人びとを結び、形象を呼びおこし、積極的な感動にまでかり立てるコトバの働きを、すべて文芸のみの役割として文学教育がもっていってしまうことになると、コトバの働き、論理の力が不当に平板化され、ひいては理性が実践から引きはなされるというみじめさを残す心配が起こる」と指摘した。[10] コミュニケーションや論理的思考等、言語の働きは多岐にわたる。それらをすべて文学教育が引き受けられるかのような自己規定は、あまりにも理想論に傾きすぎであるとたしなめている。

　文学教育論の持つ、理想主義への傾斜とそれへの批判という構図は、この後も戦後を通じてたびたび浮上することになる。

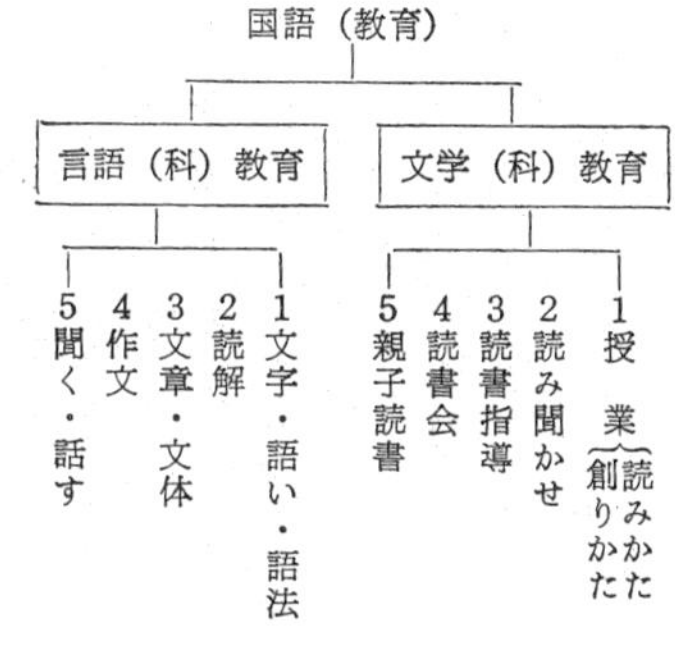

図1：文教連の構造図

内容教科としての文学科

　この時期、国分や久米井とは異なる立ち位置にいながらも、同じように文学科を主張した倉澤栄吉（一九一一〜二〇一五）は、

「内容教科」としての独立を口にしている。
倉澤は、戦後経験主義の国語教育を先導し、推進した中心人物の一人であり、生涯を通じて国語単元学習の理論的支柱として第一線で活躍した。垣内松三の薫陶を受け、東京都教育委員会指導主事や文部省視学官、東京教育大学教授等を歴任し、国語教育界の一大山脈を築いた。その倉澤が、一九五〇年代初頭、文学科の独立を主張していたことは意外な感もあるかもしれない。倉澤は、子どもの主体的な言語経験を軸にした単元的な展開による総合的な国語教育を追究していた。その着眼点は、教育課程にあった。

言語は文学に対する基礎であると同時に、歴史にも理科にも、保健にも職業にも、その基礎になる。この意味で言語も基礎だと言われるのである。私どもは、言語が基礎学科であつて中心学習にその基盤となつていることを認めるが、文学が中心学習に対する基礎学習だとは、だれも思わない。文学は内容教科であり、言語は基礎教科である。(中略)中学校以上で、文学が一つの系統ある内容教科として独立すべきだ、と私が主張するのは、この理由からである。それは、歴史が独立し、地理が独立(しようとしている)のと同じ意味なのである。

この独立は、現状においては時期が早い。図書館もなく、よい本も十分ではない。今のところ独立というのは、文学と言語との、教育課程におけるおのおのの性格の差を、本質的に認めるということである。(中略)言語技能を重んずる言語学者が支配権をにぎれば、文学教育はそのかげで声を出さなくなり、文学を叫ぶ人が指導者になれば、コミュニケーションとしての言語技術が十分教育されない。そして、不要な論争を繰り返す。[11]

当時は、すでに経験主義批判が広まり、学力向上や系統主義の考えが台頭していた。倉澤はそうした批判にどう応え、どう修正すべきか、さまざまな課題を認識していた。国語科は何を教える教科なのか。この問いの中で、言語と文学の関係の問題を二者択一ではなく、倉澤はあくまでも「文学と言語との、教育課程におけるおのおのの性格の差」の問題として考えようとする。国語科の任務は単に言語経験を与えればいいというわけではない。「国語科の各単元の性格をはっきりさせ、目標をしぼっていく」ことが必要だと倉澤は考える。[12] そこで、一例として、語彙指導の場合を挙げる。語彙指導は言語教育の体系の中に位置付け、それだけを取り立てて指導する方法もあるが、一方で、文学教育の中で語彙を取り上げて行う指導の仕方もある。倉澤は次のような具体例を挙げて、その問題点を語っている。

文学も言語もない小学校低学年について考えよう。「ことばあつめ」という学習で、あのつくことばを集めたり、家具名を集めたり、形容詞を集めたりするのは、言語経験によって指導したものである。その方法では、語の連合の法則による語彙の確認、連想によってくり出された語の確認をするのであって、語彙そのものの指導が果たされる。ところが「私の家の家具」という作文を作らせたり、「きたきたきたよ、きの字がきたよ」のうたを読んだりするときは、語彙の連合関係ではなくて、語彙のニュアンスや活用の具体的場面が経験される。二つの方法は、言語経験を主とするのと文学経験を主とするのとの違いである。それをはっきりきめてかかった方が効果がある。（中略）ところが実際はこの二つを一しょにして考えているために、不徹底になる。文学的経験をずたずたに切断したり、語彙教育で物語指導へ脱線したりする。[13]

このように、倉澤は単元の性格があいまいなままでは語彙指導も徹底せず、一方で、文学経験も不十分なものになると考えていた。言葉で言葉を学ぶ国語科では、実際、「何を学んだのかがわからない」といわれることがある。言葉の学習といってもさまざまなレベルのものがある。目標があいまいなままであれば、評価もあいまいにならざるをえない。言語と文学は不可分であり、本来分けることなどできないものだ。倉澤もそのことは十分わかっていた。それでも両者を分けるのは、単元のあいまいさをなくし、目標に正対した単元の指導を徹底するために「カリキュラムの上で、文学教育を言語教育から分けて見ることは必要」だと考えたからだ。

倉澤のこうした考えは、先に見た時枝の分析主義とも重なって見える。経験主義の総合性を批判し、分節した能力目標の明確化による指導計画の必要性を説いたのは時枝だった。言語能力をいかに伸ばすか。これは、筋力トレーニングを考えれば明快だ。

確かに、腕立て伏せをするとき、胸筋や上腕筋以外にも、腹筋や背筋を必要としているし、実際、使ってもいる。しかし、全身の筋力をバランスよく向上させようとすれば、腕立てだけでよしとはならず、腹筋や背筋も個別にトレーニングを行う必要がある。ターゲットを明確にしたトレーニングだ。そうすることで、全身の筋肉が連動し、相乗効果も生まれてくる。逆にいえば、全身の筋肉は連動しているからこそ、トレーニング自体はターゲットを明確にして計画的に行う必要があるのだ。言語能力も同じだろう。

時枝と倉澤が違うのは、倉澤は文学の独自性を認めており、文学教育は「〇〇を」中心的な課題とした、内容（文学教材）の価値を中心とした教育として、言語教育とは区別できるとしたのである。ただし、「中学校以上で文学が一つの系統ある内容教科として独立すべきだ」として、発達段階をも考慮しており、かつ「この独立は、現状においては時期が早い。図書館もなく、よい本も十分ではない。」と留保を付けている。

文学科独立論の饗宴

その後も一九六〇年代頃まで、文学科独立論は花盛りともいえる状況で、文学教育実践の活況やその理論とともに、文学教育を推し進める立場と、国語科の役割や責任との棲み分けを考える観点等から、次々と文学科の独立が提唱されていった。

国分を常任委員に招き入れた奥田靖雄（一九一九〜二〇〇二）率いる教育科学研究会（以下、教科研）

は、言語教育としての国語科を純粋に機能させるとともに、文学教育そのものの発展を目指して、図2のような構造図を描いた。[14]

このように、教科研は国語教育の構造の中で、読み方教育と文学の鑑賞・創作（文学教育）とを明確に分けている。国語科の中では読み方教育を徹底し、将来的に「文学科という教科をうみだしていかなければならない」と考えていた。[15]一方、文学科の独立を現実的に考えるならば、倉澤が指摘したように発達段階も考慮しなければならなかったが、多くの論者は中学校以上での独立を念頭に置いていた。熊谷孝（一九一一〜一九九二）が率いる文学教育研究者集団もその一つである。

さて、文学科をどの段階で独立させるか、ということなのですが、それは上記の国語教育としての論理教育がその独自性を発揮してくる時期――つまり中三・高一あたりの段階と考えるのだけれど、どんなものでしょうか。その思考様式が、いわゆる意味の具体的思考から抽象的思考へと大幅な歩みでぬけ出ていくこの時期が、同時に真実の意味における具体的思考を支える感情の素地が成熟し、深まってくる時期でもあるわけです。それは、ただ、おもしろいから読む、というだけではなくて、文学というもの（文学ということ）を意識して作品にしたたしむ、という時期でもあります。[16]

この他、一読総合法（一三八頁参照）を提唱した児童言語研究会等も、文学科の独立を望むべきあり方として提唱した。

このように、戦後の文学科独立論は、「言語教育」という黒船来航を背景に、国語教育の捉え直し、あるいは再構築の過程で活性化していった。特に一九五〇年代は伝統と革新という二つの文脈から、文学教育に注目が集まり、理論的にも実践的にも大きな進展が見られたのは、こうした時代の雰囲気と無縁ではないだろう。第二章で述べたとおり、広く社会的にも、文学への信頼や価値付けは高く、桑原武夫の『文学入門』がベストセラーとなり、文学全集が各家庭に置かれ、文学サークルが各職場にあった時代である。そして、教科書には文学論教材が並び、「すぐれた文学の鑑賞による人間形成」が説かれていた。

日本社会は、戦後の復興を成し遂げ、さらには経済成長へと向かおうとしていた。その希望に満ちた未来志向と文学への価値意識とがまだ手を取り合っていた頃、文学科の独立は大いなる理想として多くの国語教育人に共有されていた。

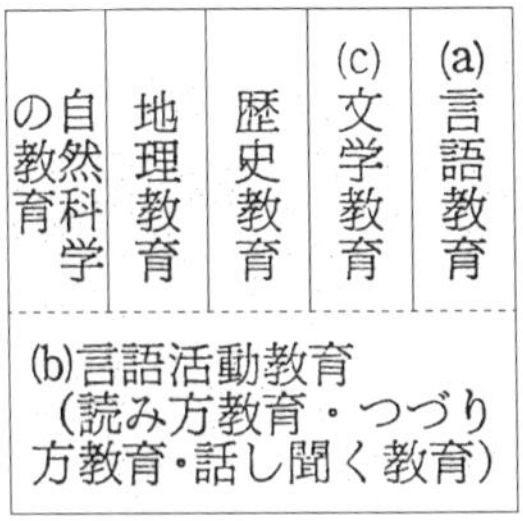

図２：教科研の構造図

こうして一九五〇年代に活性化した新しい文学教育の理論と実践は、文学科の独立を旗印として、続く六〇年代を通じてますますその裾野を広げていくことになる。日本文学協会国語教育部会、日本文学教育連盟、文学教育研究者集団、文芸教育研究協議会といった、戦後設立された民間教育研究団体を舞台として、個性的な教育実践と理論化が旺盛に進展していくのだった。

（2）スター誕生

状況認識の文学教育

「もはや戦後ではない」――一九五六年の経済白書に躍ったフレーズに象徴されるように、焼け跡からの復興とともに経済成長の時代へと日本社会は変貌を遂げつつあった。一方では、安保体制の強化と米ソの冷戦構造、国内政治の五五年体制の確立に対して、真の民主主義と平和を求める市民の声がうねりをもつて叫ばれた、「第二の戦後」へと突入する。[17] こうした時代背景の中で、教育も官vs民、文部省vs日教組といった対立構図ができあがっていった。その中で、民間教育研究団体に集う人々から新しい文学教育の理論と実践が次々と発信され、スタープレーヤーも輩出されていく。

「問題意識喚起の文学教育論」以降、引き続き国語教育がホットなテーマとなっていた日本文学協会では、都内の私立高校に勤務する大河原忠蔵（一九二五〜二〇一六）が、「状況認識」というキーワードを携え、文学教育のさらなる提案を打ち出していた。大河原は、「植民地的頽廃」を生きる都市の高校生の実態を分析し、彼らを「内側から変革」していく文学教育の必要性を説いた。そして、「文学教育は、文学作品埋没教育であってはならない」という。

文学教育は、子どもたちが、文学作品からはなれたところで、自分をとりまく外部の状況と自分をささえている内部の状況を、文学的に、するどく凝視し、きめこまかに分析していく力を育てることであって、既成の作品のなかにだけ、子どもたちを監禁することではない。[18]

大河原は、文学教材を扱ってさえいれば文学教育をしたことになるとは考えていなかった。ある意味では「すぐれた文学の鑑賞による人間形成」といった、「良い子」の文学教育を拒絶し、作品鑑賞とは異なる次元で学習者の文学的認識を育てていこうとした。文学作品に寄りかかって、形象の読み取りにばかりに集中しがちだったこれまでの文学の授業の否定から、大河原の文学教育は構想されている。

文学的凝視、文学的分析の対象になる子どもたちの状況は、現代のシチュエーションにおける子どもたちの周囲であり、内面である。しかもその周囲は、けっして単純ではない。微視的状況（身のまわりの欲望充足の対象）と巨視的状況（現代の動向）とが、重層的に、子どもの主体を包囲し、翻弄している。それらの状況を、日常的な眼ではなく、日常的な眼とたたかう文学的な眼でとらえなおし、文学のことばで把握し、自己の小宇宙を、現実のなかに主体的に再構成させ、それを積極的な生き方の根拠にしていくこと、文学教育はそこにさいごのねらいをおかなければならない。[19]

大河原の「状況認識」とは、このように「微視的状況」と「巨視的状況」とを「文学的な眼」で捉え直すことをいう。都市の高校生が頽廃へと突き進もうとしている。そのエネルギーを認めながら、彼らの内側からの変革を目指すため、「作家の思想的エネルギーを輸血する」という比喩でその方法を語る。現実の状況を鋭く捉えている作家の表現から「文学的な眼」を獲得し、「日常的な眼」と対峙させることをねらうが、そのためには「蜘蛛の糸」や「こころ」といった教科書に掲載されている文学作品の鑑賞に終始している授業では不十分で、状況を鋭く抉っている現代文学を「第一教材」と位置付ける。

さらに、そうした教材に現れている「文学的な眼」をもって高校生が現実を認識できるように、書くことを重視する。生徒が書いた「バーの女」や「食い逃げ」といったタイトルの、普通、学校作文では否定されるような内容の作文に現れた高校生の現実認識と文体を取り上げ、大河原は時代状況に深く食い入る文学教育のあり方を提起するのだった。

教科書的な近代文学を拒絶し、安部公房、柴田翔、野間宏等の前衛的な現代文学に教材としての力を認めていた大河原は、その後、教材の現地取材や映像化といった手法で教材発掘や教材研究をますます先鋭化させていく。状況に鋭く迫るための教材を大河原自らが作り上げていくことで、独特の理論と実践体系を整えていった。[20]

文学的思考と準体験

「文学教育のめざすところは、文学的思考において生活できるような人間をつくり上げること」だとして、文学教育研究者集団（以下、文教研）を立ち上げた熊谷孝は、文学形象を通した準体験によって、現実を捉え直そうとした。[21]

戦前、熊谷は法政大学の近藤忠義（一九〇一〜一九七六）の助手として国文学研究に携わり、戦後は国語教育にも関心を寄せ、折からの文学教育運動における先導者の一人に躍り上がった人物である。当時、文学教育の理念こそ熱く語られてはいたが、多くの教室で行われている文学の授業の実態は、どうだったのか。「批評家を、さらに一廻りも二廻りもスケールを小さくしたような人間が、教室で生徒を相手にぶつところの文学談義というものは、これは思ってみただけでも、お寒いことではないか」と、熊谷の評価は手厳しい。

それも自分の鑑賞眼や批評眼をひけらかすというふうな無邪気なのはまだいいが、まるでどこそこの決定にもとづいての発言であるというみたいな、判で押したような批評の規格品を押しつけるのでは、文学への道を開くどころか、せっかく芽生えようとしている文学への関心も、根こそぎ刈り取ってしまうことになる。現に筋のいい若者たちの多くは、文学の道を選ぼうとはしない。[22]

教室では、熱く語られる新しい文学教育論やアクチュアルな教育実践をよそに、「これまで通り」の授業が続けられていた。一九六〇年代の文学教育運動の先頭に立った人たちは、誰かがどこかで語った文学の解説に沿って授業を進め、「あらかじめ用意されたテーマと結論に作品を結びつける」授業にこそ、戦後の文学教育が乗り越えるべき課題を見ていたのだった。

新しい文学教育の前に立ちはだかる壁は、もう一つ、学習指導要領の改訂とともに前景化してきた、読解指導の流行があった。場面の展開に沿ってストーリーを捉え、登場人物の心情の変化を辿り、主題を把握するという授業のことだ。教科書教材も読解指導と相性の良い作品が選ばれ、この時期、国語教科書の文学教材は一九五〇年代までのそれらとは大きく相貌を異にするものとなっていく。ただ、これらのことは次の第四章で詳しく述べることにしよう。

熊谷は、こうした読解指導の枠組みに矮小化されようとしていた文学の読みの転換を、準体験という独自の用語で説明している。

文学のいとなみは、思うに、他者の自我につながり、もろもろの他者の自我を自己のそれに媒介するという形での、自我を超えるいとなみに違いない。読者が作品の鑑賞において出会うのは、作家その人であるよりは、この作者がそこに媒介したこのもろもろの他者である。（中略）自我が意識され、自我がそこにはたらかなければ文学（文学体験）は成り立たない。と同時に、自我をつき放して見る、考える――自己凝視というかたちになってこないと、それは読者の自我を感情まるごとに変革してゆく準体験にはならない。[23]

この準体験を成立させる媒介者こそが教師である、と熊谷はいう。ただし、形式的に文学をわからせていくような授業ではなく、学習者個々の文学体験が鑑賞の中味なのだと主張した。こうした考え方は、西尾の鑑賞理論にも近い。ただし、西尾の鑑賞理論は追体験に止まりかねないと捉え、その限界を乗り越えるべく構想されたのが、準体験という概念だった。追体験論が作者を実体化し、結局は表面的な文章理解に止まりやすいのに対して、準体験は読者個々人が「作者がそこに媒介したこのもろもろの他者」と出会うことを意味していた。

実は、戦前の熊谷は鑑賞を認めていなかった。その背景には、熊谷の師である近藤忠義等の歴史社会学派と、鑑賞を文芸の美を顕現させる動力装置と位置付ける岡崎義恵との論争があった。[24]若き日の熊谷は、鑑賞を「文学研究に恣意性を持ち込み、科学的な研究とは相容れない」として、真っ向から反論を述べた。[25]その熊谷が、戦後になって、読みの行為の質的深化を目指した教育的鑑賞理論を打ち出していったところに、戦後文学教育の方向性が明瞭に表れているといっていいだろう。

関係認識・変革の文学教育

総じて、六〇年代は五〇年代よりも教育方法が具体化し、特に、書く行為との結び付きによる認識の変容、つまり、ものの見方・考え方を育てようとする文学教育が、折からの読解指導ブームに対抗する形で注目されていた。熊谷はその後、文教研の絶対的リーダーとして理論の精緻化を推進していき、「文体づくりの国語教育」論に行き着くことになる。また、大河原の場合も、「状況認識」を学習者が書くことによって先鋭化させ、「のりうつる文体」を獲得させることに向かう方法をとっていた。こうした展開が生まれたのは、文学教育が「すぐれた文学の鑑賞による人間形成」という、五〇年代の旗印を、時代や社会の変容に伴い、方法論とともにバージョンアップさせていった結果と考えられている。[26] また、「鑑賞」の内実や、具体的方法に関する検討の深まりの結果ということもできるだろう。その意味では、西郷竹彦（一九二〇〜二〇一七）の「関係認識・変革」論も同様である。

> 表面的な浅いあやまった関係認識をもっている子どもたちを作文・詩教育、文学教育によって（また生活指導によって）本質的な正しい関係認識へと転化させることが必要です。そのことによって、これまでの子どもの現実にたいする、人間にたいする関係が、より本質的な正しい方向に変革する、というのが、わたしのいう「関係認識・変革の教育」ということなのです。文学教育にあっては、〈もの・ごと〉の本質的な関係を理屈や単なる図式ではなく、きめこ

まかに、いろどりあざやかなイメージによって、つかみとらせる、ということなのです。このことは表現をとおして、イメージとして関係をとらえるというところに、社会科教育とはちがう独自な、ありかたがあるのです。[27]

西郷は、ソビエトの文芸理論や教育論を武器に、戦後になっても変わらず伝統的な形象理論にしがみつく国語教育を批判する。全国にサークルを組織し、文芸教育研究協議会（以下、文芸研）を率いて、戦後文学教育運動の旗手となっていった。西郷の場合も、作文をとおして子どもの浅い認識を、正しく深く広い関係認識へと変革することを目指した。引用箇所の前で紹介されている子どもの作文を例に取れば、大工をしている父親に叱られた子どもの、「のみ」を単なる父親の所有物としてしか捉えられていない浅い認識を、「大工の仕事道具」であり働いて自分たち家族を養うための生産用具であるという関係認識へと転換させるところに教育の真髄を見ていた。

この西郷の名を一躍全国区に押し上げたのは、国語教育界の重鎮だった古田拡（一八九六～一九八五）との間で行われた、「冬景色」論争だろう。この論争は、戦後国語教育の名論争の中でも、きわめてレベルが高い、かつ生産性の高いものだったと言われている。[28]この論争を通して、西郷は、視点論や虚構論といった、西郷文芸学の主要概念を鍛え上げていくことになる。

「冬景色」は、戦前の国定『尋常小学読本』に収められていた、写生文の小品である。児童文学者巖谷小波（一八七〇～一九三三）の筆によると言われている。この教材を扱った、芦田恵之助の実践とその実践を例にして形象理論を説いた垣内松三の解釈を、西郷が自身の文芸理論をもとに批判したことがきっかけで、垣内門下の古田の怒りを買った。両者の論争は明治図書の国語教育雑誌に掲載され、この論争に対する識者のコメントも加わる形で、国語教育界を挙げての大論争となっていった。[29]

西郷がこの論争のなかで展開した視点論は、それまで「作家」や「作者」を無条件に解釈のゴールに置いていた国語教育に大きな衝撃を与えることとなった。「作者は何処にをるか」という芦田の発問を取り上げ、「机の所ではないのだろうか」と揶揄気味に応答しながら、「虚構としての文学を問題にするときに、作者と視点人物とは区別すべきです」と言いきる。その上で、この作品の主題は、「春待つ心」だと、新しい解釈を示した。これに対して、古田は、この作品は写生文であり、あくまでも「冬が来たなあ」であって「春が動いているなあ」ではないと反論する。この論争に対する評価は概ね古田に軍配を上げる識者が多かったが、両者の反論の応酬の中で、「冬景色」の解釈と評価が見事に深まっていく様子は、論争の理想的な一側面を見させてくれる。そして何より、西郷文芸学を広く世間に知らしめるための絶好の舞台となった。

（3）鑑賞から読解へ

忘れられた教材

このように、戦後文学教育運動の騎手たちは、教科書の文学教材を教えていれば「文学教育」になるとは考えていなかった。むしろ教科書に掲載されるような文学教材では、本物の文学教育は難しいとさえ考えていた。

今日、国語教科書の中の文学といえば、「羅生門」「山月記」「こころ」「舞姫」といった定番教材が思い浮かぶだろう。定番教材と呼ばれる作品群は、これらの高校用教材だけでなく、中学校用でも小学校用でもみられる。では、文学教育運動が活発だった頃の文学教材も現在と同じようなものだったのだろうか。答えは否である。

前章で、島木健作の「赤蛙」を取り上げたが、実は、かつて人気教材だったものの、後に「忘れられた教材」となるものは少なくない。特に、外国文学の翻訳物は今よりたくさん採録されていたが、一九六〇年代以降、次第に国語教科書から姿を消しはじめる。例えば、O・ヘンリの「最後の一葉」や、ユーゴーの「銀の燭台」はその代表ともいえるものだ。

「最後の一葉」は、病に冒された女性と彼女を励ます周囲の人びととの姿が描かれている。しばしば映画やドラマ、芝居などで上演されているので今でもこの話自体はよく知られている。女性は、病床から見える窓外の景色を眺めて、「あの葉が落ちたら自分は死ぬ」と思い込み、生きる気力を失っている。激しい嵐の中で必死に葉の絵を描き、彼女に生きる勇気を与えようとする画家の献身は、生きることへの真摯な態度を教えてくれる教材として、この時期の文学教材観と合致していた。「銀の燭台」は、「レ・ミゼラブル」の一部で、これもよく知られている話だ。罪を犯した男に許しを与える司教の寛容さが、一九年もの長きに渡って投獄され、人間不信に陥っていたジャンバルジャンの良心を回復させるという筋だ。

どちらも人間らしい生き方とは何かを正面から考えさせる教材だが、これらは一九六〇年代から徐々に国語教科書から姿を消し始め、その後、道徳の副読本教材として命脈を保つことになる。

この頃まで、今日の「定番教材」は定番化の兆しすら見せていない。それどころか、ようやく新教材として、いくつかの教科書にその姿を見せ始めたところだ。しかも、今日とは異なる姿で教科書に掲載されていたことは、少し立ち止まって見ておいた方がいいだろう。

発行会社や発行点数が多い高校用の場合、そのコントラストが際立っている。例えば、夏目漱石の作品を見てみよう。今日では、「こころ」の採録が圧倒的だが、一九五〇年代から一九六〇年代の前半までは、「草枕」や「三四郎」が多く採録されていた。同じ漱石教材であっても時代によってこうまで違いがあるのかと驚かされる。また採録の仕方も今日とは著しく異なっていた。

現在、「こころ」は高校二年生以降の選択科目用教科書のほとんどで採録されるようになってい るが、その採録箇所は「下　先生の遺書」の一部だ。「こころ」が、私（先生）とKとお嬢さんの三者関係をめぐる恋愛と友情の物語として切り取られてきたことについては、一種の「異本」として受容されている問題として、一九八〇年代半ばから一九九〇年代初頭にかけて、近代文学研究者の小森陽一、藤井淑禎等が指摘している。[30] その後も、「上」や「中」との関係を「あらすじ」で処理した「異本」は右肩上がりで採録を増やしてきた。

しかし、「こころ」の教科書初採録は、なんと「上　先生と私」の一部だった。生徒に文庫本を買わせて全編を扱う学校でも、「上」は「下」の伏線を確認する程度でさらっと通読するに止まっている場合が多いが、教科書初登場となる一九五七（昭和三二）年の清水書院（『高等国語二』）では「上」の四から七までが採録され、先生の不思議な影を感じる私の感慨や思考を読み、「こころ」の全編読書へと誘うねらいをもっていた。だが、「上」の一部のみという、高校生にとっては地味で展開も穏やかに見える採録の仕方を真似する教科書は現れなかった。現在の「下」の一部を切り取って、あらすじ等を組み合わせた編集は、一九六三（昭和三八）年の筑摩書房版の『現代国語2』を待たなければならない。

森鷗外の作品も同様に、「舞姫」が定番化する以前は「山椒太夫」「安井夫人」「寒山拾得」といった歴史小説が採録数において顕著だったが、「舞姫」の初採録は、一九五七（昭和三二）年版の教育出版『標準高等国語（甲）総合編2』で、全編採録ではなく、割愛部分のあらすじを所々に挟む編集の仕方だった。近代文学史の解説とともに単元化され（「五　近代文学の成立」）、他に「五重塔」（幸田露伴）と組み合わされていることからも、近代文学史の文章例として位置付けられていたことがわかる。全編採録されるのは、その二年後に発行された筑摩書房『国語三高等学校用総合』であった。

鑑賞と読解

一九五〇年代までの人気教材は姿を消し、代わって登場した近代文学作品の一部が後に定番教材と呼ばれるようになる。なぜこうした教材のトレンドが見られるようになったのだろうか。

一九五〇年代までの「すぐれた文学の鑑賞による人間形成」という理念は、高度経済成長がリアリティーをもって信じられ始めた一九六〇年代以降、経済成長社会を支える能力を有した人材育成という教育政策の大方針を前に、徐々に後景に退く。こうした社会構造の変化に呼応するかのように、「鑑賞」というキーワードに代わって台頭したのが、「読解」だった。

読むことをどのような用語で語るか。ここには国語教育における重要な意味が隠れている。それは時々の用語の流行といった問題ではなく、実質的な読み方の転換を意味していた。

一九六〇年代の半ば、そのことを象徴するような座談会が行われている。[31] 石井庄司、時枝誠記、吉田精一、河盛好蔵等、当代一流の国語教育、文学研究者等によって、「鑑賞」や「読解」とは何かについて議論が交わされた。主として、「鑑賞」を否定し、「読解」による知的理解を重視する時枝の考えに対して、批判的な検討がおこなわれている。その頃、時枝は学習指導要領改訂の委員長を務めていた。

時枝は、作品や文章の読解を食事に当てはめ、学校では料理の「食べ方」を教えればよいのであって、「おいしい」か否かについては、教育の埒外に置く。「教育の現場はその食べ方を教えればよい」とし、鑑賞については「おせっかい」だと言いきる。こうした時枝の考えに対して、座談会では読解の仕方を教えるだけでは「つまらない」とする石井をはじめ、批判的な立場からの発言が大勢を占めた。

しかし、この頃から、「鑑賞」はしっかりとした食べ方＝「読解」の指導に包摂されていき、教室における「読むこと」の力点は「読解」に置かれるようになっていく。「鑑賞」は、詩や短歌・俳句の韻文指導や、小説を「読解」する際の発展的な学習段階を指すように、文種や学習過程の一部として位置付けられるようになる。

一九六〇年代はまさにこの転換点にあたる。この時期「鑑賞」からも「読解」からも、どちらからの視線も受け続け、その後定番化の道を歩んだ文学教材があった。太宰治の「走れメロス」である。

「走れメロス」採録史

　メロスは激怒した。必ず、かの邪知暴虐の王を除かなければならぬと決意した。メロスには政治がわからぬ。メロスは、村の牧人である。笛を吹き、羊と遊んで暮らしてきた。けれども邪悪に対しては、人一倍に敏感であった。

（『国語総合編中学校二年上』中教出版）

　改めて本文を読み返してみると、確かに突っ込みところ満載の作品である。主人公メロスのキャラクターはもはや「単純な男」を通り越している。いかにディオニス王が暴君でも、私怨も直接的な関係があるわけでもない一人の牧人が、「あきれた王だ。生かしておけぬ」と単身王城に乗り込んだあげく、あっさりと巡邏の警吏に捉えられてしまうのはなんとも間が抜けている。しかも、竹馬の友セリヌンティウスを勝手に身代わりにしたり、妹に突然結婚式を挙げさせたりと、自己中心性の甚だしさからは、まさにメロスこそ「暴君」の名にふさわしいようにも思えてくる。

　これまでの授業実践史を辿っても、友情や信頼の大切さという人間にとって大切な価値を教えるのに適しているという評価がある一方で、白々しくて嘘くさいといった学習者の感想や反応もめずらしくない。[32]「ありえない話」と読むか、あるべき人間性の規範として読むか。どちらかといえば、国語の授業では前者のような正直な反応には蓋をして、ある種、力技で後者へと方向付けてきたことが多かったようだ。だから、きまじめな教師の中には「走れメロス」を教えるのは「疲れる」「たいへん」だという人もいる。しかし、それでも今なお中学校用国語教科書における定番教材の代表である。

「走れメロス」の教科書採録史を調べてみると、いくつかの重要な特徴が見えてくる。初採録は、一九五六（昭和三一）年の中教出版『国語総合編中学校二年上』だ。その翌年、高校用でも、秀英出版『国語二』二年生用に掲載される。以後、一九六〇年に至るまで、中学用で計四社、高校用で四社と中学用、高校用教科書の両方に掲載されている。ところが、一九六二年の発行からは、ほぼ中学用に固まり、三年生か二年生に配当されている。そして、一九七〇年代以降は、中学二年生用に固定化する。七〇年代になると中学校用教科書を発行する会社も絞られてきたことで、中学校用教科書における「走れメロス」の存在感は高まっていく。[33]

かつて「走れメロス」が高校用教材だったことに驚く人もいるだろう。採録初期は、高校用か中学用か、また中学校用の場合の配当学年にもばらつきがあったのだ。さらに、採録状況の変化と本文の異同の関係についても興味深いことがわかっている。一九六〇年代までの中学用ではしばしば本文の削除や修正が見られ、必ずしも全文が採録されてはいなかったが、中学二年生用に落ち着いて以降は、全文採録となる。「走れメロス」の採録史に見られるこうした「揺れ」から「安定」への動き方は、いったい何を意味するのだろうか。そして、「安定」に伴い、部分削除・改編から全文採録へという教材化の動態からは、「走れメロス」に対するどのような期待の痕跡を読み取ることができるのだろうか。

前章で述べた通り、一九五〇年代は「鑑賞」による「人間形成」が文学を読むことの合い言葉だった。「走れメロス」も採録の初期はこうした観点から教材化されていたことがうかがえる。最初に「走れメロス」を採録した中教版の単元名は「小説の鑑賞」だった。鷗外の「山椒大夫」と組み合わされ、編集委員による「解説」とともに単元化されている。教師用指導書を見ると、学習内容としては「文学作品の内容を深く味わって読む」や「物語や小説に作者の考え方がどう生かされているかを考えて読む」などが示されている。一九五〇年代の「鑑賞」路線が色濃く見られる。

この一九五〇年代後半はちょうど学校教育への「道徳」再定位をめぐり、激論が続いた時期でもある。一九五八年の「道徳の時間」特設は、戦後日本の道徳教育史における転換点だった。当時、この特設道徳をめぐっては大きな批判の声があったが、その特徴は「政治的なイデオロギー色を強くした批判」であり、反対論の多くは、かつての「修身科への不信感を基底」としたものだったという。[34]このとき国語教育では、教科内容と密接な議論が展開していた。

西尾実は、特設道徳を指標とする道徳教育に対抗する理念として新しい文学教育を措定し、文学の「鑑賞」によって道徳教育をも包摂する真の「人間形成」の教育が果たされると論陣を張った。[35]当時の国語教科書もこれと歩調を合わせるかのように、そうした観点から文学教材の選択がなされていったことは、前章で述べたとおりだ。その頃の教師用指導書から「走れメロス」の採録意図を見ると「文学教育を通しての情操陶冶・人間形成の実をあげるように、資料の選択と配列とには最善の努力を払った」（『新中学国語総合改訂版三上・三下教授用参考資料』大修館書店、一九五八年）、「すぐれた文芸作品や古典的な作品を味わい、その中に人間の知恵を察知し、美を享受することのよろこびに触れることは、生徒の中にねむっている人間性をよびさまし、人間の生き方をもそこからとらえる契機を与えることにもなろう。」(『国語二中学校用総合享受参考書』日本書院、一九五九年)等、文学の鑑賞による「人間形成」というねらいが強く意識されていたことがわかる。つまり、「走れメロス」採録前期に働いていた力学は、この「人間形成」を目指す「鑑賞」との親和性だった。

メロス伝承

妹の結婚式を見届けたメロスは、その晩、あろうことか羊小屋で寝過ごしてしまう。人間らしい、といえばそれまでだが、何しろ友人の命がかかっているのだから、読者が思わず、「走れ、メロス」と突っ込みを入れたくなっても不思議ではないだろう。大人になってからこの作品を冷静に読み直してみると、ところどころで失笑や爆笑を誘われるという人も少なくない。

その後、濁流に呑み込まれそうになったり、山賊に襲われたり、灼熱の太陽に体力を奪われたりして、途中でメロスは「悪魔のささやき」に心が折れかける。しかし、どうにか約束の刻限までに走りきったメロスは、信じて待ったセリヌンティウスと熱い抱擁を交わした後、お互いの頬を殴り合う。そして、いよいよ次のような大団円を迎えることになる。

群衆の中からも、すすり泣きの声が聞こえた。暴君ディオニスは、群衆の背後からふたりのさまを、まじまじと見つめていたが、やがて静かにふたりに近づき、顔を赤らめて、こう言った。「おまえらの望みはかなったぞ。おまえらは、わしの心に勝ったのだ。信実とは、決して空虚な妄想ではなかった。どうか、わしをも仲間に入れてくれまいか。どうか、わしの願いを聞き入れて、おまえらの仲間のひとりにしてほしい。」

どっと群衆の間に、歓声が起こった。

「万歳、王様万歳」

ひとりの少女が、緋のマントをメロスに捧げた。メロスは、まごついた。よき友は、気をきかせて教えてやった。

「メロス、きみは、真っ裸じゃないか。早くそのマントを着るがいい。このかわいい娘さんは、メロスの裸体を、皆に見られるのが、たまらなくくやしいのだ。」

勇者は、ひどく赤面した。

（同教科書）

赤面するメロスの姿には、先ほどまでの緊迫感は感じられない。読者を緊張から弛緩へと自然に誘う、この抑揚のついた語り口にこそこの文学作品の個性の輝きが認められてしかるべきだろう。それにしてもメロスという男はかなり汎用性の高いキャラクターのようだ。これまで「走れメロス」は演劇やマンガ、アニメはもちろんのことゲームやパチスロ等のモチーフにもなっている。困難を乗り越え、愛と友情と信実に突き進む男のイメージは、二次創作のネタの宝庫である。

ところで、「走れメロス」は「古伝説とシルレルの詩から」という末尾の記載から、いくつかの典拠を持つものとわかるが、実は、この典拠・元の素材自体がまた複雑なのだ。膨大な先行研究から見えてくるのは、典拠と「走れメロス」だけでなく、また別の複数の作品と典拠との関係、さらにそれら三者間の問題性が浮上してくるという点である。

これまでの研究からは、典拠の古伝説の一つとされる「ダモンとピチアス」の話が高等小学校用教科書に「真の知己」と題して採録されており、太宰が少年時に読んだ可能性や、それ以前に少なくない修身の教科書等に同型の話が掲載されてきたことが指摘されている。[36] これらの研究が示唆するのは、「走れメロス」誕生以前からメロスと同種の話が、日本の近代公教育黎明期には流通していたということである。[37]

さらに遡れば、典拠とされるシラー（シルレル）の作品には源泉があり、その伝統はシラーが直接典拠としたローマ作家ヒュギヌスの『説話集』をはじめ、ギリシア・ローマ時代の作家たちにまで遡る説話のようだ。この伝播の過程を詳細に跡付けた研究によれば、ある集団内の結束を強めるために語られていたものが、伝播の過程で本来の目的から離れ、普遍的な道徳的価値を伝える説話として広まっていったものだという。[38] つまり、この〈メロス〉伝承は、そもそもが道徳性の共有に重きをもつものだったのだ。

道徳教材と国語教材

一九六〇年代以降、「道徳の時間」に使われる副読本等でも、「走れメロス」は教材化されることになる。この時期、文部省作成の道徳指導資料が矢継ぎ早に発行されると、各社発行の副読本も徐々に普及していく。これにより、道徳教育は読み物資料を活用しながら「道徳の時間」に一時間一主題で行うスタイルが広く一般化していくのだった。[39] 調べてみると、「走れメロス」はなんと小学校用の副読本でも教材化されていた。本文の特徴は概ね次のように整理できる。

まず、文章の展開が単純に時系列であり、漸層的な構成や講談調の文体、漢語調の語彙等によってドラマチックに描かれた原作独自の雰囲気はなく、全体として平易な表現に改められてしまっている。

特に、メロスの心情に関する記述がほとんど省かれており、苦難に対する克己心のみが強調され、弱さの吐露や、逡巡、苦悩等、心の振幅についての描写は抑制的だ。

また、セリヌンティウスのメロスに対する「信頼」が強調されている。さらには、結末の緋のマントを捧げる少女のエピソードは省略されており、「王の涙」で終わっている。

このように、道徳副読本の教材本文は、簡略化を主たる編集原理として、ストーリーそのものは崩れていないが、文学作品として読まれるべき微細な表現がほとんど削ぎ落とされてしまっている。学習者である小学生に対する読みやすさへの配慮もあるだろうが、そのことによって「信頼」「友情」といった徳目は剝き出しになっているように思える。

一方、国語教科書の「走れメロス」はどうだろうか。中学二年生用に定位置をもつ頃までは、道徳教材ほどではないにしても、やはり途中や最後を省略して掲載しているものが散見された。その多くは、「万歳、王様万歳。」という群衆の声で終わっており、緋のマントをかける少女とメロスの赤面は省略されている。つまり、国語教科書でも道徳読み物資料と同様の簡略化志向が認められるのだ。簡略化によって、「主題」＝徳目の理解を一元化して学習者に受け止めさせることが容易になる。

しかし、中学二年生用に安定後は全文採録となり、それとともに「読解」のための教材へと位置付けを変

【表】「学習の手引き」設問の変遷（学校図書版）

	1960	1962	1966	1969	1972	1975	1978	1981	1984	1987
あらすじ・場面分け	○	○								○
主題	○	○	○	○	○	○				○
文学鑑賞の意義	○									
感想	○	○	○		○	○	○	○	○	○
人物相互の関係		○	○	○						
文体		○								
人物像			○	○	○	○				
言語・文法		○	○	○	○	○				
メロスの心情・変化			○	○	○	○	○	○	○	○
王の心情・変化			○	○	○	○	○	○	○	○
表現の特徴			○	○	○	○				
作者の意図				○	○	○	○	○	○	
意見・考え							○	○	○	○

えていく。前頁表のように、「学習の手引き」を遡って調べてみると、ちょうどその頃からメロスや王の心情とその変化を問う設問が定着していることがわかる。

また、次のように、一九六〇年版と一九七二年版の設問を比べてみると、「鑑賞」から「読解」への変化の様相がよくわかる。

◎一九六〇年版

一　この物語の筋を追いながら、全体をいくつかの場面にくぎってみよう。

二　文中の「竹馬の友」ということばは、この物語の主題とどのような関係があるか。

三　特に感動を覚えたメロスのことばを書き出してみよう。

四　文学を鑑賞することは、自分たちの生活にどのような関係があるかを考えて話し合おう。

◎一九七二年版

一　この小説を読んで、最も心をうたれたのはどの場面か。みんなで話し合ってみよう。

二　この小説のおもな登場人物について、その性格・人柄を調べてみよう。

三　メロスが約束を果たすまでの間に、その心がどのように移り変わったかを読み取り、まとめてみよう。

四　メロスの行動と、王の心の変化とのつながりを考えてみよう。

五　おもしろい表現だと思われるところ、すぐれた描写だと思われるところを抜き出してみよう。また、それがどんな効果をあげているかを考えよう。
六　作者はこの小説で何を言おうとしたのか。主題について考え、みんなで意見を述べあおう。

設問が細かくなり、作品全体を対象とするものよりも、作中人物やストーリー展開に伴う心情の変化に向けられたものが増えている。

こうして「読解」からの視線を受けた「走れメロス」の安定は、微細に描かれたメロスの心の逡巡等を、場面の展開に沿って読み取っていく授業を敷衍していく。このような中学校用国語教科書で見られた全文採録への移行とそれに伴う読解指導がもたらしたものは何だろうか。その詳細は、第五章で述べることにしよう。

一九六〇年代に訪れた「読解」の時代は、教科書の文学教材もそれまでとは異なるものを求めることになった。「消えた教材」と定番教材との分岐点がそこにはあったのである。

注

1　国分一太郎「詩について」(『日本児童文学』3、一九四七年四月) 十三頁

2　国分は、「コトバ」と「言語」とを明確に使い分けている。『コトバ』は国語、わが民族のものであるところの日本語のことであり、その内容は日本語の単語・文法・発音・文字などの総体であること、『言語』(あるいは言語活動)は、そのコトバの手段を用いての認識・表現の諸活動であること、これをハッキリ区別した上で、その相互の関係を密接なものとし、この考えのもとでの読み方指導・綴方指導」を行うべきであると考えていた(国分一太郎『国語教育の現実像』新評論社、一九六二年一月、二頁)。

3　国分一太郎『生活綴方ノートII』(新評論社、一九五五年一月)

4　国分一太郎「文学教育」(『芸術教育』牧書店、一九五三年三月)九六~九七頁

5　河野清丸「国語科をして文学科たらしめよ」(『国語教育』九巻五号、一九三八年五月)

6　黒滝成至『生活主義言語理論と国語教育』(厚生閣、一九三八年十一月)

7　国分一太郎「文学教育」(周郷博他編『芸術教育』牧書店、一九五三年三月)

8　久米井束「教育課程のなかで文学教育はどのような位置をしめるか」(『講座文学教育1』牧書店、一九五九年六月)五四頁

9　岩井幹明・渋谷清視他「今日における文学教育研究の課題」(日本文学教育連盟編『講座・日本の文学教育I』一九七六年十二月)二〇二頁

10　乾孝「文芸を特別あつかいしすぎる」(『講座文学教育1』牧書店、一九五九年六月)五九頁

11　倉澤栄吉『国語教育の問題』(世界社、一九五一年一〇月)一四八~一五〇頁

12　倉澤栄吉「国語教育の二つの立場――言語教育と文学教育――」(『教育建設　第八号　言語教育と文学教育――実践と資料――』金子書房、一九五二年九月)三五頁

13　注12に同じ

14　奥田靖雄・国分一太郎『国語教育の理論』麦書房、一九六四年十二月)二五頁

15　奥田靖雄「すぐれた日本語のにない手に」(奥田靖雄・国分一太郎編『読み方教育の理論』一九六三、国土社)

一四九頁
16 文学教育研究者集団編『文学の教授過程』(明治図書、一九六五年八月) 三九頁
17 「第二の戦後」という概念については、小熊英二『〈民主〉と〈愛国〉――戦後日本のナショナリズムと公共性』(新曜社、二〇〇二年一〇月) による。
18 大河原忠蔵「状況と主題」『状況認識の文学教育』(有精堂一九六八) 八二頁
19 注18に同じ
20 幸田国広「状況認識の文学教育における映像理論の特性 ――文学教育とメディア・リテラシーの交差――」(『早稲田大学大学院教育学研究科紀要別冊』十一号-一、二〇〇三年九月) 三三~四三頁
21 熊谷孝「文学と文学教育」(『教育』No.四〇、国土社、一九五四年十二月)、ただし引用は、『文学教育基本論文集』(明治図書、) 二二二頁
22 注21に同じ、二一五頁
23 熊谷孝「文学教育の現状と問題点」(『文学』一九六三年一〇月)、ただし引用は、『文学教育基本論文集』(明治図書) 二〇頁
24 衣笠正晃「一九三〇年代の国文学研究――いわゆる『文芸学論争』をめぐって」(『言語と文化』創刊号、二〇〇四年二月) 参照。
25 熊谷孝「資料主義・鑑賞主義・その他」(『国文学誌要』四一号、法政大学国文学会、一九三六年七月)
26 一九五〇年代から一九六〇年代への展開については、須貝千里「文学教育の歴史と展望③一九六〇年代の文学教育」(日本文学協会編『日本文学講座十二 文学教育』大修館書店、一九八八年三月) 参照。
27 西郷竹彦『文学教育入門 関係認識・変革の文学教育』(明治図書、一九六五年四月)
28 野地潤家『「冬景色」論争の焦点」(西郷竹彦・古田拡『「冬景色」論争――垣内・芦田理論の検討――』明治図書、一九七〇年五月) では、「本論争こそ、すがやかで示唆にとむ、まさしく真摯な論争と呼ぶに値する」

と評されている。
29　論争の詳細や経緯、諸家による論争の評価等は、西郷竹彦・古田拡『「冬景色」論争――垣内・芦田理論の検討――』（明治図書、一九七〇年五月）参照。
30　小森陽一「『こころ』を生成する心臓（ハート）」（『成城国文学』1、成城大学、一九八五年三月）、藤井淑禎「甦る『こころ』」（『日本文学史を読むV　近代1』有精堂、一九九二年六月）等。
31　時枝誠記・石井庄司他「国語教育における読解と鑑賞」（『言語と文芸』六巻一号、一九六四年一月）
32　近年の実践例や学習者の反応等については、熊谷芳郎「第二章　『走れメロス』（太宰治）の授業実践史」（『文学の授業づくりハンドブック　授業実践史をふまえて』渓水社、二〇一〇年三月）、丹藤博文「教材失格――『走れメロス』の教材価値論――」（『国語科教育』第七四集、全国大学国語教育学会、二〇一三年九月）参照。
33　詳しくは、幸田国広「「走れメロス」教材史における定番化初期の検討――道徳教育と読解指導に着目して――」（『読書科学』56巻2号、日本読書学会、二〇一五年一月）参照。
34　貝塚茂樹『戦後教育は変われるのか』（学術出版会、二〇〇八年四月）参照。
35　西尾実「文学教育の問題と道徳教育」（『日本文学』日本文学協会、一九五八年三月）
36　小野正文「『走れメロス』の素材考」（『郷土作家研究』第10号）一九七三年十二月）、奥村淳「太宰治『走れメロス』、もうひとつの可能性」（『山形大学紀要　人文科学』十七巻一号、二〇一〇年二月）等の研究がある。
37　佐野幹「文部省編『高等小学読本』（一八八八）「恩義ヲ知リタル罪人」の教材化に関する研究」（『読書科学』第57巻　第1・2号合併号、日本読書学会、二〇一五年七月）参照。
38　杉田英明「〈走れメロス〉の伝承と地中海・中東世界」（『比較文学研究』第六九号、一九九六年十二月）参照。
39　宮田丈夫「道徳教育の新しい動向」（『道徳教育』六四号、一九六六年五月）、伊藤啓一「多時間主題の道徳授業（上）」（『道徳教育』四三九号、一九九五年十二月）参照。

第四章　文学教材の指導はどのように確立したのか

――高度経済成長と読解指導――

（1）指導過程論の饗宴

国語の記憶

歴史の大海原を航海する旅も、ようやく中間地点までたどり着いた。戦後社会の中で文学が輝きを放ち、「鑑賞」による人間形成という教養主義に支えられていた一九五〇年代の文学の扱い方も、この後、高度経済成長による日本社会の変容に伴い「正しい読解」を追求する方向へと転換していく。国語教科書の文学教材のラインナップは、戦前からの連続性が見られた戦後初期よりも、むしろ高度経済成長〈以前／以後〉を基点に見た方が変化の度合いは鮮明だ。高度経済成長とともに確立していく国語の授業のあり方を眺め直すと、今日の慣習や常識と思われているものがこの時期にほぼ固まっていったことに気付かされる。そして、その中心には「読解」があった。

ところで、作家の三浦しをんが教科書会社のインタビューに答えて、意外にも（？）「国語の授業が一番好きだったんですよ」と語っている。ただし、その先がある。

でも、授業中はずうっとノートに絵を描いていました。それはまったく授業と関係ない絵ではなくて、勝手に挿絵的なものをノートに描いていた。ここはこんな情景だろうなとか。[1]

授業中の落書きといえば、国語教科書に載っている作家の肖像写真に髭を足したり、角を加えたり、髪型を変えてみたりすることは誰にも経験のあることと思うが、彼女の場合、少し違う。ノートに「挿絵的なもの」を描くことによって文章を「読解」していたのだ。他の生徒たちは、きっと教師の発言に耳を傾けたり、板書をノートに写したりしていただろう。あるいは、ぼんやりと教師の解説を聞き流したり、こっそりと他教科の宿題をやったりしていたかもしれない。しかし、彼女は自分で読み取ったことを別の形式に変換して表現していた。実は、このことは「読解」にとって、とても重要な意味を持つ。

では、そろそろ歴史の海に戻ることにしよう。スプートニク号の打ち上げ(一九五七年)が成功した頃、「読解」は戦後の日本を急成長へと導く新しい時代の合い言葉だった。文章を正しく読む力を身に付け、思考力を鍛え、言語生活を豊かにしていくものになるはずだった——。

「読解指導」への注目

そもそも「読解」や「読解指導」は、いつ頃から国語教育の用語として定着したのだろうか。戦前の文献の中にも、主に古典解釈等で「読解力」の語は見えるが、戦前に国語教育の術語としてはまだ確立していなかったようだ。[2] 調べてみると、「読解指導」の名を冠した国語教育関連雑誌特集のうち、もっとも早いものは一九五三（昭和二八）年の雑誌『実践国語』十一月号「特集　読解指導の研究」である。「「読解指導」への要望」と題された巻頭言を見てみよう。

それにしても、戦後の新しい国語教育が経験や興味を重んじ、ひろい言語生活を指導の対象として、ひろく、ゆたかな国語学習をした功績の反面に、またいくつかの短所を指摘されたことも事実である。読みに対する方法過程が事実に即して研究されていないことも、その中の一つである。（中略）しかも、日々の国語学習では読む機会が多いのである。それでいて、読めなくてこまるという声が大きくうったえられているのである。もっと読みの学習語が事実において活発に研究されなければならない。そのために、曾つての研究業績も大いに検討し、とるべきはとり、更に新しい読みの方法過程が熱心に研究されなければならない。[3]

この特集が組まれた背景には、折からの経験主義批判、学力低下論がある。一九五一年には『日本人の読み書き能力』（読み書き能力調査委員会）が発表され、漢字書き取りの能力の低下が取りざたされた。また、同年開催の日本教職員組合第一回教育研究集会では、「読み書き算」の基礎学力の低下が問題視されている。経験主義への懐疑や批判は、国語の場合「読めなくてこまるという声」に集中する。戦前の国語・国文読本を講読する授業への懐古の情は「曾つての研究業績も大いに検討し、とるべきはとり」という先祖返りへの期待として顕在化していくのだった。

では、この巻頭言の問題意識を、執筆陣はどう受け止めたのだろうか。石山脩平（一八九九～一九六〇）と倉澤栄吉の位置関係は対照的だ。石山は、経験主義に立つ国語教育の「欠陥」を指摘し、通読段階、精読段階、味読段階という三読法を国語教育の中に改めて位置付け直すことを主張した。[4]これは戦前の主著『教育的解釈学』等で石山自身が主張してきたことだ。

一方の倉澤は、問題解決の資料として教科書を位置付け、目的に応じて主体的に読むための学習を提案した。[5]石山のような伝統への回帰ではなく、学習者の生活を基軸にした読解方略であり、さらには、読解から読書へと裾野の広がりをもつものだった。

この対照的構図は、この時期の「読解指導」にはまだかなりの幅と選択肢があったことを象徴的に示している。

指導過程論としての活性化

では、このように幅をもっていた「読解指導」は、その後どのような進路を辿ったのだろうか。「昭和三三年版」（小中学校）及び、「昭和三五年版」（高等学校）学習指導要領の告示は、読解指導論を活性化させ、いよいよ国語教育の中心へと押し上げる転換点となった。科学技術の振興、経済的な国力の増強を支えるために、基礎学力や思考力等を系統的に育成する方向を目指して、教育政策は急激に舵をきることになる。こうした中、国語科では「読解」に光があたり、時代に見合う新しい教材文種として、自然科学や社会科学に関する説明的な文章も重視するようになっていった。端的に言って、この頃から読解指導は、学習者が生活の中でいかに読書経験を広げ、読む力を付けるかという方向にではなく、伝統的な解釈学を下地にした授業光景としてイメージされ、具体化されていった。そのため、読解指導に対する関心は、教師が「どのように教えるか」という手順、指導方法への集中を生むこととなった。「鑑賞」は、広い意味での「読解」に包含され、文学的な文章の「正しい解釈」や「基本的な読み取り」の上に展開される、半ば発展的な読みの階梯として位置付けられるようになっていく。[6]

一九六〇年代はまさに指導過程論の時代だったと言ってもいいだろう。「読解」への注目による戦前の解釈学、石山の主張する「通読、精読、味読」といった三読法の復権に続き、教育科学研究会国語部会の教科研方式、輿水実の基本的指導過程等、様々な指導過程論が各種研究会や個人単位で提案される。そのほとんどが広い意味での三読法であったのに対して、児童言語研究会（児言研）による一読総合法の提唱は、学習論としても問題提起性に秀でており、各種論争を通して読解指導論の活性化を促す起爆剤となっていった。全文通読に始まり、部分精読、最後に全文の味読を基本とする、大正期以来の三読法を批判した一読総合法は、子どもの興味関心を原動力にしながら、子ども自身の「書き出し・書き込み」、それらに基づく「話し合い」といった学習活動によって、一読のもとに読みを広げ、深めていこうとする学習指導法だった。[7]

当時の主だった指導過程論を挙げておこう。

○教育科学研究会（教科研）の教科研方式
（1）導入
（2）文章の知覚（範読・音読、一次読み、二次読み）
（3）ことがらの理解（主題をつかませる、理想をつかませる）
（4）総合読み（作品の全形象をふまえて朗読）
（5）終末（感想文・劇化・絵等）
○輿水実の基本的指導過程
（1）教材を調べる
（2）文意を想定する
（3）文意にしたがって各段落、各部分を精査する
（4）文意を確認する
（5）教材に出てきた技能や、文型、語句、文字の練習をする
（6）学習のまとめ、目標による評価
○児童言語研究会（児言研）の一読総合法
（1）題名読みと予備会話
（2）立ち止まり（書き込み・書き出し、話し合い等）
（3）表現読み（読みとったすべてを傾けて表現する読み）

この他、読解の指導過程を定型化しようとする団体や個人は多く、西郷竹彦の文芸理論研究会、広島大学附属小学校、望月久貴、石田成太郎等の提案があった。

これらの中でも、当時行われた指導過程の比較調査では、輿水の提案に対して次のような論評が与えられている。

輿水実氏の基本的指導過程は、大学を卒業して教職についた新任の教師にとっては、いちばんやりやすいのではないか。だれにでもやれて、とりこぼしのない授業、片寄りのない授業ができると思われるからである。一方相当の経験のある教師にとっても、この基本的指導過程は、これまでの自分の授業が、これだけのことをおさえていたかどうかを反省する一つの基準となる。[8]

このように評される、輿水の基本的指導過程の「やりやすさ」とは何なのだろうか。当時、国語科の指導過程論の活況ぶりに反して、現場の教師たちからは何を国語科学習指導の「見本」にしたらよいかわからないといった「苦情」が多かった。輿水はこうした声を受け止め、「小異を捨てて、一つの基本的な指導過程を設定し、その上で、それを改善する」意図をもって、基本的指導過程を提起したという。[9]

輿水の指導過程のうち、戦後新教育の視点である主体性（1）や評価（6）が見られるものの、（2）から（4）は戦前の解釈学そのままであり、教材研究の手順をそのままあてはめれば、「だれにでもやれて、とりこぼしのない授業、片寄りのない授業」ができる。経験主義教育の反動として読解指導が国語教育の中心課題に躍り出た当時、輿水の基本的指導過程のような、過去を参照できてほどよい「新しさ」も加味された指導法は、よすがを求めていた教師たちに安心感をもたらしたのではないだろうか。

沖山理論のねらい

この時期、輿水の基本的指導過程とともに、読解指導の理論として実践現場に強い影響を与えた人物がいる。文部科学省の沖山光である。戦後初期、輿水も沖山も経験主義に基づく言語教育の推進に積極的で、国語教育の刷新を目指していたことは前に紹介したとおりだ。その後、経験主義から能力主義へと転換していく教育の路線変更に際しても、この二人は時代を先導する位置にいた。

文部省初等中等局教科調査官だった沖山は、一九五二（昭和二七）年以降、実験学校での研究を開始し、その成果として『意味構造に立つ読解学習』（一九五八）、『読解指導の原理と方法』（一九五九）等を著す。折からの読解指導への注目と相俟って、いち早く時の人となった。沖山は、文章表現を「書き手の構造的思考の投影」と捉え、読解とは、「文章の内的構造を捉えることである」と考えていた[10]。「意味布石」の相互依存性をつかむことで、書き手の表現意図を捉えることが沖山のいう「構造的読解」というものだ。「意味布石」とは、文章の意味のまとまりであり、「意味布石」を辿ることで浮かび上がる「意味段落」という今では一般的な学習用語も、沖山の造語だった。そして、この読解プロセスに働く思考力を育成することが沖山の読解指導のねらいだった。

沖山の著作は、理論的背景や独自の用語に基づく原理的考察の詳細さに比して、具体的な指導過程や手順、指導上の留意点等はわかりにくかったといわれている。[11] 確かに、沖山の著作は、ソシュール言語学やピアジェの教育心理学を援用した難解で独特な用語で溢れている。一方で、沖山は、指導過程や実践の手順を示さなかったわけではない。しかし、沖山のねらいと教室が求めるものとには、かなりの懸隔があった。そもそも沖山の関心は、学習者自身がいかに読むかに向けられたものだったため、現場の要求する教え方の手順とは、教室における授業の捉え方が根本的に異なっていたのだ。

そうしたズレに気付いていた沖山は、一九六〇年代の半ば以降「指導過程」ではなく、「学習構造」という用語で自身の理論の要諦を語り始める。

> 学習構造の問題は、生徒みずからが、みずからの手によって、いかに、みずからの能力を開発していくかの観点から受け取るべきで、これまでの一教材あるいは一作品をいかに教師が巧みに誘導し、こなしていくかといった、一教材あるいは一作品への埋没や、教師の発問中心の教材解説的立場とは根本的にその観点を異にしている[12]

こうして沖山は「学習構造」という新たなキーワードを携え、それが既存の「読解指導」といかに異なる教育方法なのかを提案していく。教師の教材解説による受け身の読解ではなく、学習者自らの頭と手によって文章を読み解き、そのときに獲得される思考力と読み方を別の文章や教材（他教科の教材も含む）においても活用できるようにするという構想こそ、沖山理論の核心だった。

沖山理論の受容

二一世紀になって、沖山理論の再評価が語られるとき、こうした能動的な学習論の視点から、あらためて転移可能な学力としての読解力・思考力の育成に光が当てられている。[13]「構造的読解」はあくまでも学習者の「自学」による「読解の仕方の体得」に目的があり、現場が求める、教える手順を示したものではなかった。しかも、当時は、アメリカの教育心理学者ブルーナー（Jerome Seymour Bruner、一九一五～二〇一六）の『教育の過程』が注目された時期と重なり、指導過程論の活性化と科学的な学習をめぐる議論が白熱していた時期でもあった。

しかし、残念ながら、沖山の意図はそのまま伝わらなかったようだ。当時、沖山理論がどのように受け止められたか、言い換えれば、どのように誤解されたかについては、次の渡辺宏の批評が示唆的である。

さきに私は、沖山理論が世にむかえられ、その著書が版を重ねたのは新たな哲学的装いによるものであることを指摘した。しかし、それのみでなく、その発想に「自学」の強調があり、読解学習の手順（構造？）を明らかにした点にこそあったのではないかと考える。（中略）それは二つの意味をもっていた。ひとつはその日暮らしの教師に檄をとばし、難行道を説くことによって、読解指導の原理を把握させようとしたことであり、ひとつは、子どもに読解の仕方を体得させようとしたことである。しかし、実践家である教師はこの二つを混同した。読解の「指導法」と「学習」を同一に考え、構造的読解は、指導過程と学習過程とを合わせもつものと錯覚したのである。[14]

理解の枠組みが教師の指導過程にある場合、沖山の「学習構造」はその核心を外した形で受け入れられ、従来の「精読」の段階にあたる指導内容として「意味段落」の把握による要旨の整理といった「教材解説的立場」に回収されてしまう。

先に述べたとおり、輿水の基本的指導過程は戦前からの解釈学を基に構想されたものだったため、教師にとって理解の枠組みが担保された「教える手順」として、理解しやすいものだった。つまり、沖山理論は輿水の基本的指導過程のような「伝統」と親和性の高い指導過程論をフレームとして、「精読」部分の具体的内容として機能するもの、言い換えれば、輿水の基本的指導過程の「大雑把」さを補完する役割を果たすものとして受け止められていったと考えられる。[15] その後の読解指導に定着したものは、沖山の目指した学習者の自学の思想とその方法ではなかった。

このような沖山理論の受容のされ方、すなわち誤解の構造にこそ、日本の読解指導の核心があるのかもしれない。国語教科書に採録されている教材は読むべき内在的価値があり、その内容を正しく理解することが国語で教材を読むことの意味だという固定観念は、読む能力の育成を目標に据えたときに、どのような学習方法がより適切なのかという発想の転換を拒むほどの力があった。

この時期、脚光を浴びた読解指導論には、増淵恒吉（一九〇七〜一九八六）や山本義美らの課題方式、課題＝設問中心の読解指導もある。特に増淵は戦後の高校国語教育界をリードした人物で、日比谷高校教諭時代から、「課題中心の国語教育」を実践し、全国の高校現場に広く影響を与えた。増淵はその意義を次のように語っている。

わたくしは、以前から「課題中心の国語教育」ということを提唱している。どんな教材を取り扱うにしても、設問を作り、課題化して、生徒に考えさせるのである。特に現代文の読解指導においては、この「設問化」ということは、重視されなければならない。どんな設問を用意するかに、指導がうまくいくか、いかぬかのすべてが、かかっていると言えるのである。[16]

こうした考えは教師の教材研究に基づく課題づくりが授業内容と直結するため、指導のよすがを求めていた教師たちにとってはわかりやすい。もっといえば、個別の教材内容に即した「精読」に具体性を与えるものとして機能するものだったために飛びつきやすかったのだろう。「読解」が推奨されるこの時期、何を、どのように「精読」させればよいのか。現場の教師たちはその具体を欲していた。だから山本のいう、「小説を読む場合、人物設定のおもしろさとかストーリーのおもしろさにのみとらわれるのではなく、登場人物の心理を読みとらなくては深く味わうことはできない」[17]といった指摘等も、当時としては「新しさ」を感じさせる提案として注目されたのだ。

ただし、ここでも補足が必要になる。そもそも増淵の課題方式は、単に「精読」のための設問ではなく、話し合いや発表といった学習者の能動的な学習活動とセットで提案されたものである。[18]新制高校発足時からその先頭に立ち、経験主義教育観に基づく新しい学習を高校国語にどのように取り入れるべきかに腐心した増淵は試行錯誤の末、結局、高校では経験単元をあきらめて教材単元を軸に、要所要所で学習活動を組み込むことで対応しようとした。こうした増淵の構想の何が受け入れられ、何が受け入れられなかったのか。ここには、沖山理論の受容と同様の問題が指摘できよう。

この他、永野賢（一九二二〜二〇〇〇）の文章論的読解指導も、文章の段落相互の関係や構成意識等を指導過程の具体的内容とするものであり、教師による教材解説の具体性を提供するものだったため、広く注目を集めた。[19]

本章の冒頭で述べた挿話に戻ろう。三浦しをんの挿絵は、彼女にとっての「読解」だった。このことはとても大事な意味を持つと述べた。「生徒みずからが、みずからの手によって、いかに、みずからの能力を開発していく」ための学習構造を提起した沖山や、生徒の話し合いや発表という言語活動を通して意味のある課題を考えさせようとした増淵の構想は、読者の主体的な読書行為としてのみ読解は成立するという点で、三浦しをんの授業の受け方と同一の地平にあったのである。

(2) 文学教材の様変わり

「羅生門」への注目

一九六四年の東京オリンピックに日本列島が沸きたち、サラリーマンの給料が倍々ゲームで上がり続けていたころ、国語教科書に採録される文学教材も、かつてとは大きく様変わりすることになる。文学の指導も読解指導論の波の中で、いかに文章の「正しい理解」を経て「主題」をまとめるか、という指導過程が広まっていた。

今日、定番教材と呼ばれる文学教材群があるが、その代表格の一つに芥川龍之介「羅生門」がある。当然のことながら、「羅生門」ははじめから定番教材だったわけではない。一九一五(大正四)年に『帝国文学』に発表され脚光を浴びた有名な文学作品だったが、戦後しばらくまでは国語教科書に採録されることはなかった。それが、高度経済成長の頂点を迎えた頃から急速にシェアを広げ始め、その後も右肩上がりに採録数を伸ばしていくことになる。後に詳しく述べるが、こうした教科書採録の時期、採録数増加の仕方は「羅生門」に限ったことではなく、今日、定番教材と呼ばれている文学教材の多くが似たような軌跡を描いている。

定番教材と呼ばれている文学教材には、小学校では「ごんぎつね」や「大造じいさんとがん」等、中学校では「少年の日の思い出」や「走れメロス」等、高等学校では「羅生門」の他にも「山月記」、「こころ」「舞姫」等がある。おおまかにいえば、定番教材は教科書教材としての優位性があり、漠然と日本人が読んでおくべき共通教養のように捉えられているようだ。

ちなみに、国語教科書を発行している出版社は、二〇二〇年現在、小学校で四社、中学校で五社ある。「ごんぎつね」は小学四年生用、「走れメロス」は中学二年生用の、それぞれすべてに採録されている。

他方、高校用は少し事情が異なる。発行する出版社も九~十一社（科目によって幅がある）と多い上に、高校用では一九八〇年代以降、一社が同一科目を複数種類発行することがスタンダードになっていたるめ、二〇二〇年現在、必修科目「国語総合」だけでも二四種類もある。

一九六〇年には六割に満たなかった進学率が、その後、右肩上がりの伸びを見せ、一九八〇年代には九割を超えて実質的に高校全入の時代を迎えることとなった。現在、進学重点校から、学び直しに力を入れざるを得ない高校まで、学力格差の幅は広い。この学力差に応じて、同一科目でも複数種類の教科書を発行せざるをえなくなったということなのだ。教科書会社としては昔よりもはるかに発行にコストのかかる時代になっている。検定制度の本来の趣旨からいえば、教科書全種類に採録されるような教材は生まれにくいはずなのだが、「羅生門」はすでに十五年以上前から高校一年生用全社全種類に採録されている。そして、「こころ」と「山月記」がそれに続いている。

前章でも述べたが、定番教材という現象が出現する以前にも国語教科書には人気教材がたくさんあった。だが、文豪の作品はけっして固定化してはいなかった。教科書に採録される作品には今よりもずいぶん多様性があったのだ。もちろん、検定教科書であるため、分量や教育上配慮が必要な表現、差別的な表現等に留意して教材を選ぶことになり、どの作家の場合も教材化が可能な作品は限定されてくる。しかし、今日のような一作家一作品の定番化・固定化がこれほど長く続くというのは、国語教育の歴史を俯瞰してみれば、とても不思議なことなのだ。

「羅生門」の採録史

その「羅生門」は次のように始まる。

> ある日の暮れ方のことである。一人の下人が、羅生門の下で雨やみを待っていた。
> 広い門の下には、この男の外に誰もいない。ただ、所々丹塗りのはげた、大きな円柱に、きりぎりすが一匹とまっている。羅生門が、朱雀大路にある以上は、この男の外にも、雨やみをする市女笠や揉烏帽子が、もう二、三人はありそうなものである。それが、この男の外には誰もいない。
>
> (『高等国語総合2』明治書院、一九五六年)

主人に暇を出され、飢え死にをするか盗人になるかの究極の二択に悩む下人は、楼上で死人の髪の毛を抜く老婆と対峙する……。末尾の「下人のゆくえは誰も知らない」という一文は印象的だから、そこだけ覚えているという人も多いのではないだろうか。

「羅生門」の教科書採録は、発表から実に約四十年が経ってからのことである。戦前から継続する芥川教材は多く、「戯作三昧」「手巾」「鼻」「蜜柑」等は変わらず人気があったが、「羅生門」は一九五〇年代も半ばになってから、ようやく高等学校用国語教科書に登場することになる。定番中の定番という現在の位置付けからすれば、このことは意外な感もあるだろう。

小説教材は、物語内容や世界観を把握する必要があるため全編掲載が原則であり、あまり長くないものの方が採録しやすい。「羅生門」は短編小説として適度な分量で、登場人物も少なく場面展開もシンプルでありながらメリハリがある。下人の葛藤と、自らの悪事を正当化する老婆との対決が読みどころで、老婆の悪の論理を逆手にとり「黒洞々たる闇」に消えていく下人の「ゆくえ」を考えさせる、というのが長い間、授業展開の王道となっている。

考えてみれば、老婆の着物を引き剝ぎして夜の闇に消えていく男の話なのだから「教育的」ではないことは間違いない。戦後もなおのこと、新しい民主主義の国家を目指す中で、この作品を採録するのはかなり勇気のいることだっただろう。どんな定番教材も、はじめは新教材として世に出る。教科書会社の賭けである。

はじめて採用したのは、明治書院、数研出版、有朋堂の、わずか三社だった。一九五六（昭和三一）

年のことだ。しかも、この三社のうち、当時の必修科目「国語甲」用は明治書院のものだけであり、他はいずれも選択科目「国語乙」用だった。必修用の明治書院版でも高校二年生用に採録されており、今日の定位置である高校一年用に採録したのは翌年発行の三省堂版が初となる。

「羅生門」はこの明治書院や三省堂の英断がきっかけで、あっという間に定番教材となったのだろうか。答えは、否である。少なくともその後十年間は定番化と呼べるような動きは見られない。およそ半世紀に及ぶ「羅生門」の採録状況を調べると、今日のような「定番」に至るまでには、大きく次の三段階が確認できる。[20]

第一段階（採録率四十％）は、一九七三（昭和四八）年の第二次「現代国語」開始時だ。この時は、昭和四五年版学習指導要領の改訂を受けての全面改訂であり、新版の発行によって教材も大幅に入れ替わった。前年まではわずか三社にすぎなかったがここで採録数が倍増する。進学率の急上昇によって、高校は多様化し、「現代国語」の教科書が同一会社で複数点発行されはじめる。

第二段階（同八三％）は、一九八二（昭和五七）年の「国語Ⅰ」開始時で、すでに第二次「現代国語」時代に人気教材となっていた「羅生門」が、ここではほとんどの教科書に採録され、次第に「安定教材」「国民教材」等といった名で呼ばれるようになる。高校は実質的に全入時代を迎える。多くの教科書に長きに渡って採録されてきた教材の存在が、誰の目にも明らかになってきた頃だ。同一科目教科書の複数点発行も常態化する。ただ、この段階では、僅かな期間でも「羅生門」から別の芥川作品に、あるいは現代小説等に差し替える動きも見られた。

そして、第三段階（同百％）は、二〇〇三（平成一五）年の「国語総合」開始時である。ここに至って、「国語総合」全種に採録されるという未曽有の事態が出現する。多様な高校の存在を意識して作られた教科書でありながら、その全種類に「羅生門」が採録され、「定番教材」という用語も使われ始める。そして、この時期から日本の十八歳人口は頭打ちとなり、少子化によって教科書マーケットは縮小の一途を辿り始める。

「現代国語」と読解指導

そもそも、国語教科書教材としては長年見向きもされていなかった「羅生門」に注目が集まったのはなぜなのだろうか。

第一段階の一九七三（昭和四八）年は、「現代国語」の二期目がスタートした年のことである。それまで古文・漢文に比重を置いてきた高校国語科にとって、「現代国語の読解力」と「作文能力の向上」を主目的としたこの新科目の登場は、当初は現場に大きなとまどいを与え、批判も相次いだ。それまでの新制高校の国語科は旧制中学以来の伝統を引き継ぎ、実態として古典や名文を教える教科だったからだ。教師たちは新科目をうまくイメージできなかったし、現代の文章は読めて当たり前で、いったい何をどう教えればいいのかわからないというのが本音だった。実はこうした状況は、大正十年頃からみられる中等教育段階の国語教育に特有の問題だった。[21]古典のように、文法や語句、文学史的な知識を教える必要がない文章の何を、どのように教えればいいのか、現代の文章の価値はどこにあるのか、といったことは長らくの課題となっていたのだ。

この時期「現代国語」の中で精力的に追求されていたのが、前節で詳しく見た読解指導だった。「現代国語」新設時、それまで古文や漢文の訓詁注釈に偏っていた高校国語教師にとっては、現代の文章をどう授業で扱うかは長い間の難題だったが、教え方の手順としての読解指導論が授業方法の拠り所として機能し始めると、それに見合った教材にスポットが当てられるようになった。

そして、この頃から高校国語教科書では小説や評論の比率が高くなる。一九五〇年代までは、戯曲や伝記、日記、記録なども含め、幅広いジャンルの文章教材から編成されていた。ところが、一九七三（昭和四八）年発行の新版からは、小説・評論・随想の三大ジャンルへと集中が始まり、その傾向はやがて評論・小説の二大ジャンル特化型へと続いていく。その頃までは、まだ、必ずしも小説教材が国語教科書のメイン・ジャンルではなかったし、もっといえば、戦後初期までは戦前の価値観が継続しており、文学教材の中心は韻文にあり、まずもって和歌や近代詩が教科書の文学教材を代表していた。その後、「現代国語」という新科目の登場とともに読解力向上の指標が打ち出され、読解すべき文種として説明文や評論・論説とともに小説が前景化したのだ。

このとき、教材としての「羅生門」にも照明が当てられることになった。これまで一年用教科書に定位置を持ち続けてきた「羅生門」の教材特性の一つとして、採録開始当時から「小説の基本的な読み方」の教えやすさが指摘されてきた。一九七三（昭和四八）年版の段階では六種中五種で一学期使用を示唆するはじめの単元に位置付けられている。各社教師用指導書でも、「小説を学習するのに不可欠な要件」を備えた作品であり「小説の独自性、その方法自体についての考察」（筑摩、一九七三年版）を可能にする、「高校時代に学習する小説教材の基礎となり、基本的な学習姿勢ともなるものであるという考えの上に立って設定した」（明治、一九七六年版）等とある。その後も長らく「羅生門」の位置は、多くの教科書で最初の小説単元に配置されることになる。かつてより詳細で丁寧な作りとなった教師用指導書では、語句の意味、表現の特徴、時・場所・人物の心情・相互関係を踏まえて「主題」を把握する、という指導の手順が示されている。この手順は、まさに読解指導の指導過程を具体化したものだった。

「羅生門」は、独特な情景描写とともに場面転換もわかりやすく、門の下で雨止みを待つ下人が楼上で老婆と対峙し、門の下へと下るまでの行動と心情の変化が描かれている。こうした、適度な場面の変化とともに登場人物の行動と心理・心情を辿る読み方を教えながら、人間の心の闇について考えさせることのできる教材として、「読解」の時代の教室で重宝がられるようになったのだ。今でも高校の教室では、教師が羅生門の簡易な図を板書し、下人の行動を門の図に沿って解説したり、下人と老婆とのやりとりを上下二段の表にして板書にまとめたりという光景はよくみられる。

一方、それまでの人気教材だった「鼻」は、どうだろうか。

禅智内供の鼻と言えば、池の尾で知らない者はない。長さ五、六寸あって、上くちびるの上からあごの下まで下がっている。形はもとも先も同じように太い。いわば細長い腸詰めのようなものが、ぶらりと顔のまん中からぶら下がっているのである。

(『新国語三訂版文学一』三省堂、一九五五年)

「鼻」は、世にもまれな長い鼻を持つ禅智内供の自意識の揺れと他者のまなざしとを批評する語りを特徴とする。そもそも内供の心理・心情は詳細に語られてしまっているため、心理・心情の解釈に向かうより、むしろ、この語り手の批評性をどう読むかが指導の要諦になる教材なのだ[22]。そうなると、一年生に「小説の基本的な読み方」を教える教材としては、選びにくくなる。教材の脚光と浮沈は、純粋な文学性の優劣などというものではない。

文学教材のトレンド

読解指導が国語教育のメインストリームに躍り上がり、一般化していくに伴い、「羅生門」は文学教材として注目を浴び、採録を増やしていった。実は、こうしたことは「羅生門」だけに限ったことではない。この時期、小学校から高校までの国語教科書で、採録傾向は大きく様変わりしている。そして、このタイミングで新教材として登場した小説や物語の一部が、今日、定番教材と呼ばれているのだ。

そもそも、一九六〇年代半ばまでは高校の国語教科書に登場する文豪ももっと多彩だった。島崎藤村、樋口一葉、幸田露伴、田山花袋、佐藤春夫等は、採録されていた教材も多く、この入れ替え前の常連組だったのだ。特に藤村は戦後初期の国語教科書を象徴する文学者で、検定制度がスタートする前の『高等国語』（文部省著作教科書）では、「藤村詩抄」が巻頭を飾り、新しい時代と民主主義国家建設に向けたメーセッジ性を担っていた。しかし、今やこれらの文学者たちの存在感はきわめて希薄になっている。また、シェイクスピアやゲーテ等の外国文学の翻訳教材も多く見られた。総じて、一九六〇年代までの国語教科書は文学教材について、今よりも広く多様な視点から考えられるラインナップだった。

こう見てくると、個別の教材価値や作品としての優劣といった固有性だけを根拠に定番化の理由を考えるのではなく、定番教材という現象そのものが、社会状況や制度等との関係から、いかにして出現したのかを問わなければならないことに気付くだろう。現在の国語教科書を成り立たせている様々な因子の上に成立した、比較的新しい歴史的事象として考えなければ、本質は見えてこない。「すぐれた教材」は、その時々の価値意識や諸条件との関係によって変わってくる。かつて教科書採録数では「羅生門」よりもずっと多かった「鼻」の場合、次のように教材としての特性が語られていた。

「鼻」は芥川龍之介の、もっとも代表的作品であると同時に、近代日本文学の流れの中で、きわめてユニークな短編小説でもある。すぐれた短編小説作家として認められる決定的な役割を果たす作品である。主題の斬新さ、素材の特異さ、構成の完全さ、描写・叙述の巧緻さは、短編小説の本質に触れさせせるに、最も適切な教材と言うことができる。

（『新国語三訂版文学一・言語一参考資料』三省堂、一九五五年）

かつては「鼻」にこれだけの高評価が与えられていた。しかし、この「短編小説の本質」に触れさせるための「最も適切な教材」も、その後、「羅生門」の陰に隠れ、採録も数えるほどになっていくのだった。

文学研究の動向

芥川研究の第一人者、関口安義は教科書における「羅生門」人気の背景に、「昭和四十年代に大幅に進展する近代文学研究界での『羅生門』の積極的評価」を指摘している。[23]

実は、この頃になると国語教育における読解指導の流行と呼応するかのように、近代文学研究の内部でも大きな地殻変動が起こる。近代文学研究者の三好行雄（一九二六〜一九九〇）は、それまで支配的だった作家から作品へというベクトルを転換させ、「第一級の傑作」としての作品を入り口に作家像を論じることを提起した。[24] この頃から、作品を入り口とすることが、「研究」の形として市民権を得ていくのだった。ただし、その実態は、三好の「作品論」の亜流を含む、近代文学研究の大衆化を伴うものであったことには注意が必要だろう。[25] 三好の「作品論」が作家や文学史との通路を見通したものであったのに対して、作品を単体で論じるという近代文学研究の「大衆化」は、短大生・大学生の急増と卒論・研究の裾野の広がりとともに拡大し、そうした風潮に対する批判もまた活性化していくのだった。このことは、当然のことながら中学・高校の国語科教師養成の中味とも連動する。作品＝教材中心の発想、教材研究即指導過程という読解指導の手順は、大学で学んだ知識・教養を生かしてそのまま取り組めるものでもあった。関口の指摘する「羅生門」研究の進展も、こうした土壌が前提になっていたのではないだろうか。

例えば、「羅生門」の教師用指導書の記述を歴史的に遡っていくと、採録初期の教材の位置づけはきわめて作家研究的である。一例を挙げよう。

これは芥川龍之介の初期の著名な歴史小説である。近代人の心理を歴史の中に表現するという新しい歴史小説の一様式を開いた史的意義をもつ作品である。

奇異な素材を活写して、鬼気迫るものがあるその構成を見ても短編小説の典型といえよう。生徒の興味を引くにもじゅうぶんであり、歴史小説を知る上にも、大正期の一代表作家、芥川の作風を知る上にも、きわめて有意義な作品である。（中略）作家研究は、まだ本格的に行う必要はあるまい。テーマは、けっきょくみにくいエゴイズムの強調ということになり、かなり暗い作品であるが、しかし、こういうペシミズムは、実は作者の理想主義的性格の裏側として現れてくるものであることを忘れてはなるまい。

（『高等学校　新国語総合　一　教授用資料』三省堂、一九五八年）

ここに述べられていることは国語教育の視点というより、近代文学史と作家研究の基礎を学ぶことの意義である。一九五〇年代の高校国語における文学教材の扱いは、大学国文科の基礎課程のようなな色彩が強かったといえる。それが一九七〇年代になると、教師用指導書では読者の「自らの生き方について考えを深める契機」「内面世界の拡充」等の教育的意義が説かれ、作家研究的な価値づけはトーンダウンしていくことになる。

大学入試の変化

こうした研究パラダイムの転換は、大学入試問題の素材文や設問傾向の変化とも相関する。一九六〇年代は大学進学率も急上昇し、高等教育は大衆化の段階に突入する。また一九五〇年代までの国語入試問題は知識や理解力を問う設問が多かったが、一九六〇年代にかけて長文読解力を問う設問も増えていく[26]。ここにも文学史的知識や注釈力から、読解力へという転換をみることができる。高校現場では、小中学校より相対的に学習指導要領に対する意識は薄く、カリキュラム編成にあたっては、大学入試への対応の方が重要視される傾向がある。そうだとすると、入試問題の質的転換は強力な磁力として働いたことが推測される。

そもそも戦前の旧制高等学校等の国語入試問題は、古文・漢文の全文解釈が当たり前だった。現在の国語入試問題とはかなり趣を異にする。また、その当時も「現代文」と呼ばれていたものも出題されていたが、明治期の文語文等も多く、今日の現代文イメージとは少し異なっている。こうした素材文や設問のあり方が戦後になってもしばらくは継続していたのだ。学習指導要領が作成され、課題解決や単元学習といった能動的な学習が指標となり、国語科も「聞くこと」「話すこと」「書くこと」「読むこと」といった言語経験を与える方向性が提起されたが、高校現場は学習指導要領よりも大学入試問題のあり方を元にカリキュラムや指導内容の照準を合わせ、伝統的な国語教育観からの転換に対しては腰が重かった。

大学入試問題のあり方が高校国語科の授業を規定するといった指摘は、けっして今に始まったものではない。例えば、新制高等学校が発足して十年経った一九五八（昭和三三）年に、東京教育大学の中馬静男は入試問題の古文偏重を指摘し、国語甲という必修科目が総合国語の性格をもつにもかかわらず、古文の解釈や文法、文学史に時間を割かれ、選択の国語乙さえも同様の有様であることを嘆いている。[27]

しかし、一九六〇年代以降は全文解釈は影を潜め、部分解釈、傍線部の説明等といった改良が広がり、「現代文」の素材についても文語文よりも明治・大正の文豪による口語文や外国作品の翻訳等について、大意・要約や内容理解を問う設問が増加していくことになる。ただし、この段階でも、設問の多くは受験生の知識を拠り所としており、現在のような長文読解が一般化するのは、「昭和三五年版」学習指導要領の教育課程が年次進行で実施、完成後、すなわち、昭和四〇年代以降ということになる。[28] 新科目として登場した「現代国語」こそ、高等学校国語科で読解指導のフレームが作られていったメインステージだった。そして、この読解指導の定着期と入試現代文の変化とが同調することで、高校国語の授業の形もまた固まっていくのだった。

共通一次試験の登場

こうした流れを決定づけたのが共通一次試験だった。客観テストの名の下に、マークシートを用いた選択肢による解答は、開始前から強い反対、批判の声が上がっていた。大学進学率の急上昇は、当然のことながら受験人口の増加を意味する。一定期間に公平性を担保した大規模な選抜試験の新しいあり方は様々な波紋を呼んだ。

第一回実施後には国語の問題に関して、次のような指摘があった。[29]

> 総じて、文章の全体を読みあじわい、じっくり考えるのではなくて、部分的に反応し、正解らしきものを探りあてさせる問題が多かった。コンピューターによる解答処理のためにやむを得なかったと思うが、そこに問題がある。とくに文学作品をこのような設問の材料として用い、そのような問に答える練習をさせることは、文学に対する正当な態度をうしなわせ、変な読み方のくせをつけることになると思う。
>
> (伊豆利彦・横浜市立大学)

また客観テストとした結果、すべて選択式で、各設問とも本文の空欄を埋めさせるものが多くなった。すでに隠されている正解をいかにして探し当てるかというパズル的思考方法は、このための訓練をしていくならば、生徒の思考力を伸長させるどころか、画一的なものにさせてしまうのではないだろうか。（中略）現場の雰囲気からすれば、共通一次の分析は日毎に進み、実質的な指導要領として、現場の教育課程や授業の内容そのものを拘束していく。それは恐ろしいほどの現実である。

（古宇田栄子・茨城県立土浦第二高等学校）

毎年行われる共通一次試験という大規模な入試イベントを通して、長文の読解と設問の定型化が進んでいく。伊豆のいう通り、共通一次の国語を突破するには、文章をじっくり読む力というより、設問への慣れと解き方を身に付ける方が手っ取り早い。この頃から受験産業はマーケットを拡大しながら試験問題の解法テクニックを開発し、急成長を遂げていくのだった。

こうして共通一次試験のあり方は「実質的な指導要領」として、カリキュラムや授業の内容を縛るものとなっていった。高校三年次には過去問を解き、同傾向の問題練習を繰り返すことが国語の学習として定着していく。そして、そこから逆算して一、二年次の教科内容や教材が選び取られていくのである。しかし、そうなると国語科教育本来の存在意義が揺らぎ始める。国語科だけでなく、入試に従属した学校教育は、実質的に上位の学校に入学するためだけの通過点となり、進学実績こそが最大の教育意義として、生徒や保護者をはじめ社会全体に受けとめられていく。こうして高等学校の存在は消費社会の成熟とともにますます矛盾を抱え込んでいくのだった。

（3）文学教育の進展と文学教育批判

「主題」指導 vs 十人十色の読み

読解指導が国語教育界を席巻し始めていた一九六〇年代、ある奇妙な実践報告が大学の研究紀要に掲載された。国語教育の実践報告や実践論文では、指導者のねらいや目標、指導計画等が記され、その教育実践にどのような成果や課題が見られたかが述べられることが多い。つまり、指導者自身の実践についての記述がその論考の大部分を占める。ところが、その奇妙な実践報告は、紙幅のほとんどが学習者の感想文で埋め尽くされていたのだ。宮沢賢治「よだかの星」の感想である。しかも、第一次感想が四三編、第二次感想が八五編という大量の感想である。

第一次感想とは初発の感想で、教材文通読直後の感想のことだ。これ自体は現在もよく行われていることで、一般的には学習者の関心のありかや疑問点を指導者が把握したり、めあて・学習目標をここから作ったりするために行われる。読解指導の指導過程でもはじめの段階でこうした手順を取るケースはあり、その後、精読段階で初発の感想を生かした発問や学習課題を展開していくことはめずらしいことではない。

しかし、この実践報告の書き手である太田正夫の場合は違っていた。都内の私立高校で教鞭を執っていた太田は、第一次感想を編集し、それを文集にして全生徒に配布する。感想は丸取りではなく、学習者の解釈が良く現れている部分や他の学習者の解釈と呼応したり反発し合うような特徴が見られたりする部分を切りとって、読み進めていくと見事に読みの多様性が表れるように配列してあるのだ。学習者は第一次感想文集を読み、また自分自身で教材文を読み直し、第二次感想を書くことになる。そう、太田は通常行われるような意味での精読の「指導」を行わない。ただひたすら学習者個人に読ませる、「学習」させるのだ。

そして第二次感想文には、クラスの誰かが書いた感想に対する感想が記述される。共感・賛同もあれば、異論・反論もある。あるいは友達の感想に刺激されて新たに発見したことや解釈の変容なども記述される。学習者同士の紙上対話だ。ここに研究者が書いた論の一部や、作品に関する資料等が加えられることもある。太田は、この第二次感想文集も印刷の上、文集にして配布する。では、そこから一般的な読解指導が開始されるのかと思いきや、この後も教師による発問や板書しながらの解説等は一切行われない。では、何が待っているのか。第二次感想を読み合った学習者同士の話し合い、討論会である。

実は一九九〇年代のはじめ、東京三鷹にある太田の自宅でこの話し合いの録音テープを聴かせてもらったことがある。高校生たちが、思い思いに自分の解釈を滔々と語っている。ラジカセから聞こえてくる太田の声は、発言の順番を指示したり、発言に曖昧な内容が含まれている場合に補足を促したりと、進行役に徹していた。ここまで高校生が熱く文学を語り合う教室があったことに大きな衝撃と深い感銘を覚えたことを記憶している。

「よだかの星」の感想で埋め尽くされたその実践報告は、法政大学文学部の紀要『日本文学誌要』（一九六六年三月発行）に掲載された『問題意識喚起の文学教育』をどう見るか――『十人十色を生かす文学教育』への発展――」である。荒木繁実践に対する西尾実の意味付けに端を発する「問題意識喚起の文学教育」は、その後も日本文学協会国語教育部会では検討が続いていた。大河原忠蔵とともに太田は高校現場にいる実践者の立場で同部会を牽引していた一人だった。

文学体験の成立

読解指導が、教師の発問や課題によって、文学教材の解釈を「主題」に到達させるという一元化を志向するものだったのに対して、太田の「十人十色を生かす文学教育」は、読者としての学習者一人ひとりの多様性を重視していた。つまり、授業の結果、一つの解釈に収斂させるのではなく、一人ひとりの読者の中にいかに文学体験を成立させるかを目指したものだった。太田は、西尾の「主体的真実」としての「鑑賞」の重要性を主張した文学教育路線をまっとうに受け継ぎ、それを発展させた人物と言っていいだろう。太田の意図は、こうである。感想を書くことによって自分の読みを確かなものとし、他の学習者の読みの中に配置されることによって自己の読みが相対化される。

それにより様々な読みの角度や反応があることを知り、文学教材の再読は学習者自身の力によって深まっていく。文学の読み手主体の形成のための方法であり、その方法自体が太田にとって「思想」だった。[30]

書き手の意図や主題を捉えることをゴールとし、そこから逆算して設計される読解指導では、一人ひとりの読みの自由はどうしても埒外におかれる。そして、教師の解説を待つ受け身の学習になりやすい。高度経済成長期を通じて形成された主題把握を目指す読解指導に対して、文学教育の側は読み手の文学体験をいかに成立させ、文学の読者としての主体性を保障するかという教育運動を展開するのだった。

太田が「十人十色を生かす文学教育」を始動させたちょうどその頃、大村はまもまた文学を文学として楽しく味わわせる単元学習を実践していた。一九五〇年代以降、経験主義や単元学習が否定され、時代は能力主義や系統学習を原理とする方向にシフトしても、大村は孤高を守っていた。子どもたちをいかに豊かなことばの使い手に育てるか、そのための国語単元学習をただ一途に追い求めていたのだ。読解指導華やかな公立中学校の現場で、彼女の実践はひときわ異彩を放っていた。

例えば、「かさねよみ」の単元では、大村自作の「ニコニコガスリ」、黒島伝治の「二銭銅貨」、永井龍男「黒いごはん」の三教材を重ねて読む。「一つの作品に対して、他の作品を重ねてくることによって、それぞれの作品がはっきりわかってくる」という意図で行われた。[31]大村は、学習者が楽しく自分で文学を読むためには「ここでの人物の気持ちは？」や「主題は何？」といった発問ではダメだと考えていた。大村はまた、太田のように学習者の「感想の感想」を書かせながら文学教材を読ませていく単元も実践している。[32] 彼女にとって文学を読むということは、中学生が一人の読者として楽しく文学の世界に参入していくことであり、教師の役割はどうやってそこに入っていけるかを手助けすることだった。

もちろん、大村の国語単元学習は多彩であり、文学の単元学習だけをことさら追求していたのではない。ある意味、彼女にとっては教材は何でもありだった。文学・古典ももちろん、マンガや写真、新聞記事や雑誌の切り抜き等、使えるのは何でも使った。その単元では、どんなことばの力を付けようとしているのか、という指導目標が明確だったため、単元デザインはいずれも筋の通った、魅力溢れるものとなっていた。

法則化運動の登場

読解指導が教室に定着し、国語の授業風景として「当たり前」になっていく一九八〇年代は、述べたとおり国語教科書の文学教材も、読解の手順があてはめやすいものが選ばれるようになり、その結果、教室の指導はますます教科書教材に集中するというサイクルを生み出していった。文学教育も、かつてほどの高揚感や運動としての盛り上がりは見られなくなり、各民間教育研究団体の中心的な担い手も固定化や高齢化が進み、停滞感が漂い始めていた。

その頃、若い教師を引きつけたものは、教育技術の法則化運動だった。[33] 誰でも跳び箱が跳べる指導が可能だと、法則化運動のリーダー向山洋一はいう。国語の授業では、分析批評を取り入れ、子どもたちが自力で「主題」を考えることができ、また身に付けた分析方法を他の教材でも発揮することができるという触れ込みで、全国の若い教師を惹きつけていった。教育技術の法則化運動は、東京都の公立小学校教諭だった向山が立ち上げ、瞬く間に全国に広がった。向山は、理念に偏る文学教育とも、登場人物の気持ちばかりを問う読解指導とも異なる国語の授業技術を開発し、追試によって共有財産にしようと考えた。若手教師たちは、明日の授業ですぐに使える教育技術としての発問や指示の具体性、教材の読み方の明快さから、曖昧になりがちでパターン化した日々の物語文の授業を激変させる可能性を感じ取ったのだった。[34]

人間変革や社会正義といった抽象的な理念と文学教材への思い入れが強調されるばかりで、「ではそれをどうやって教えればいいのか」については少しも示してくれない文学教育論よりも、若手教師にとっては、法則化のようなすぐに使える教育技術や言語技術の方に魅力が感じられたということなのだろうか。当時、法則化運動は勢いを増すにつれて同時に批判も高まっていったが、文学教育運動の中には見いだすことができなかった魅力を法則化に見いだしていた若手教師たちがいたことは確かなことなのだ。教育学者等から、排他性、教条主義等、問題点も多く指摘されてきたが、分析批評などの読みの技術が、一般的な教室で行われている読解指導の欠如や課題を照らし出したことは事実として受け止めなければならないだろう。[35]

文学教育への批判

そんな昭和の終わり頃に、戦後の文学教育論を総括的に批判した一冊の書物が出版される。その名もずばり、『文学教育論批判』。書き手は渋谷孝（一九三一〜二〇一九）である。

文学は芸術の一つだとしても、音楽や図工（美術）のように表現手段にことばを使わないものとは非常に異なるので、そういう芸術論議には荷担できない。それと同時に「人間教育」のための文学教育という論にも与することができない。「人間教育」などという茫漠とした意味をもつことばを使うこと自体、文学教育論の目標が通俗的な常識論に止まることの主要な原因をなしている。その上、人間教育としての文学教育とは、結果としては特定の立場の思想教育になりやすい。[36]

このように渋谷は文学教育論の無根拠性や「独善性」を挙げ、「特定の立場の思想教育」だと断じている。渋谷は国語科教育で行うべきことは、あくまで「文学教材による読解指導を豊かに行う」という立場で、そのために現場の実践は「文学教育論から解放されなければならない」と考えていた。[37] 国語科の「本質的性格」は「技能上の螺旋的系統教科」なのだとし、「その中に『文学教育』というものだけが特に位置付けられる必然的根拠は無い」とまで言い切っている。[38]

こうした渋谷の発想の元には、輿水実の基本的指導過程の考え方があった。読解のための指導過程が広がるとともに、読解の内実は「分析的」「科学的」になり「精密化」していくに伴って学年ごとの技能目標や指導内容も明確になっていった。輿水の基本的指導過程の果たした役割を渋谷は高く評価する。しかし、そのことを文学教育運動の側は「形式主義的であり、技能主義的」であると批判した。渋谷はこうした批判は国語科という教科の本質に対する誤解だと述べ、読解指導では形式と内容とを両面から指導するのであり、「読解指導の立場は、形式的な技能重視の立場だから、文学作品の深い読み取りの指導はできない」という考え方は成り立たない、と反論した[39]。

もう一つ見落とせないのは、渋谷が時枝の「惚れさせない国語教育」論を踏まえている点だ。戦前・戦中の国語教育が特定の思想内容を教え込むものだったことへの反省は、戦後の文学教育論が「民族独立」や「自由と民主」といった特定の思想に染め上げるものに映った。国語科の本質的性格に照らして、文学教材の豊かな読解こそが指導されなければならない、あくまでも学習者自身の能力で内容価値と出会わせるためには、どうしても分析的な技能の指導が系統的に必要になると考えていたのだ。

文学の毒

渋谷は文学教育論には否定的だったが、文学そのものは否定していなかった。むしろ、国語科の中で文学は大切なもの、「文学作品は《毒を含んだ魅力のあるもの》」と考えていた[40]。この「文学の毒」という発想は、一九五〇年代の終わりに行われた紙上シンポジウムにおけるある文学者の発言が元になっている。少し時代を遡ろう。

それは、国分一太郎の「文学教育の目的は何か」と題された提案に対する、竹内好（一九一〇〜一九七七）の反論である。[41] 国分は同時代の様々な文学教育論を整理し、「文学の正しい鑑賞方法・態度をやしない、文学的認識と文学への本質への順次的理解を与え、また高等学校などでは、文学の種類やその歴史についての初歩的理解を与えること」と提案した。[42]

これに対して、竹内は、国分の提案を「平均の教師」が理解できる「要領の良さ」と評した上で次のように駁論する。

> 文学と教育とは、深いつながりがあるにもかかわらず、本質的に背馳する一面があることを認めるべきではないかと思う。文学（この場合は芸術といってもいい）の本質は創造であり、創造は現在の秩序の破壊を伴う。一方、教育は秩序の維持が本質である。どんなに「創造的」と銘打たれた教育でも、教育の本質はワクにはめ込むことである。[43]

竹内には、国分の提案があまりに優等生的な答案に見えた。魯迅をはじめとした中国文学の研究者である竹内にとって、国分の語る文学は一面に過ぎず、そのような文学教育では、「文学教育が完璧に近づけば近づくほど、文学から遠ざかることになる」と思えたのだ。さらに、「国分説では、創作と鑑賞は区別され、鑑賞は一定の解釈へ近づくこと」とされるているが「鑑賞は創造のはたらきのあらわれであり、したがって解釈は多様である」として、国分の文学教育が学習者を「受け身」にし、「非文学的」な態度を養いかねない、と警鐘を鳴らす。[44]

竹内の国分批判は、文学教育の弱点・課題をあぶり出す積極的な意味をもった提言だった。しかし、当時は文学教育否定論のように受け取られ、まっとうな評価は得られなかった。数十年後に渋谷が「文学の毒」という表現で言おうとしたのは、文学教育論の抱える楽天的で優等生的な、教育の文脈に都合のいい側面だけを取り扱う欺瞞を指摘するためだった。その時、かつては一蹴された竹内の国分批判が召還されたのだ。「文学教育論者はこの教育に背馳する面の問題をこそ研究すべきであったのである」と渋谷はいう。[45] 渋谷の「文学教育論批判」は、文学教育論の抱える弱点を指摘していたがゆえに、文学教育が脱皮を遂げる可能性をも見ていた。

竹内のような文学者からの文学教育批判は少なくない。「あまり文学的な指導は、これも一種の偏向教育と心得て、少し抑制してほしいものだ」と指摘する杉森久英や、「今の日本の国語教育は文学趣味に毒されている」と批判する丸谷才一など、彼らは、学校教育で行われている一般的な授業の中で、文学がどのように扱われているか、国語教育がどのようなものになっているか、について、文学を良く知るものであるが故にその現状を厳しく指弾せざるを得なかったのだろう。[46]

竹内や渋谷が指摘した課題や弱点は同時に、文学の授業が新たに脱皮する姿を示唆するものでもあったはずだが、こうした指摘は深く吟味されることなく、未解決の課題としてその後も持ち越されていくのだった。

注

1　三浦しをん「特集　辞書との出会い　巻頭インタビュー」（『三省堂国語教育　ことばの学び』二七号、三省堂、二〇一三年五月）https://dictionary.sanseido-publ.co.jp/topic/interview_miura/（最終閲覧　二〇二一年三月十七日）

2　増田信一「読書指導観の推移と展望」（『講座国語科教育の探究③理解指導の整理と展望』明治図書、一九八一年）は、一九五一年度の日教組全国大会の席上で、学力低下論と関連して「読解指導」という用語がはじめて用いられたとしている。国民学校令規則（一九四一）の中にも「読解力」の語が見えるが、中村敦雄は、『読解力』は国民科国語の成立とともに、公的な概念として登場したものの、内容が解明されるところまではいたらなかった」と指摘している（『国語科教育における能力主義の成立過程――輿水実と近代化の精神、一九三一―一九七七――』渓水社、二〇二〇年三月）。

3　飛田多喜雄「読解指導への要望」（『実践国語』一五八号、一九五三年十一月）

4　石山脩平「『読み』と『わかる』ことの基本問題」（『実践国語』一五八号、一九五三年十一月）

5　倉澤栄吉「読解指導の前・中・後」（『実践国語』一五八号、一九五三年十一月）

6　例えば、吉田精一は「解釈の方法と理論」（西尾実・時枝誠記編『国語教育のための国語講座第八巻　文学教育』朝倉書店、一九五八年十一月）で、「第三次階梯」として「鑑賞」と「批評」とを併置している。高田瑞穂「鑑賞と批評」（時枝誠記・遠藤嘉基監修『読解と鑑賞』明治書院、一九六四年四月）も、「読解――鑑賞――批評」の順序で、「表現に対処すべき、人間の内的機能」を捉えている。管見の限り、この時期の「鑑賞」は西尾実を除き読解や解釈よりも高次の階梯に位置付けられている。

7　一読総合法に関する入門書に、『今からはじめる一読総合法』（児童言語研究会編、一光社、二〇〇六年四月）がある。

8　相馬信男・吉川数『読解指導過程の比較と実践』（黎明書房、一九七〇年七月）九九頁
9　輿水実「教科研究　三十八年度の重点」（文部省『初等教育資料』一五八、四月）
10　沖山光『意味構造に立つ読解指導』（明治図書、一九五八年五月）
11　田近洵一「戦後教育としての「読解指導」――倉澤栄吉「主体読み」と沖山光「構造的読解」を中心に（その2）」（『国語教育史研究』九号、国語教育史学会、二〇〇七年十二月）四四頁
12　沖山光「教材解説的指導から『学習構造』の体得へ」（『教育科学国語教育』No.七二、明治図書、一九六四年十一月）一三頁
13　樋田明「第六章　構造的読解指導の提唱」（沖山光研究会編『戦後日本の国語教育――二松學舎に学んだ沖山光の軌跡――』東京学芸大学出版会、二〇一八年三月）参照。
14　渡辺宏「求道者と自学の読解」（『教育科学国語教育』No.七二、明治図書、一九六四年十一月）三四〜三五頁
15　大槻一夫「文学教材の基本的指導過程を検討する」（『教育科学国語教育』No.八六、明治図書、一九六六年一月）
16　増淵恒吉「読むことの教育――設問中心の読解指導――」（『国文学』八巻二号、一九六三年一月）
17　山本義美「『現代国語』指導の一方法」（『教育科学国語教育』No.八三、明治図書、一九六五年一〇月）
18　増淵の「課題学習」についての詳細は、後藤志緒莉「増淵恒吉國語教育論における『課題学習』の意義と限界――東京都立航空高等専門学校時代の授業実践を軸に――」（『早稲田大学大学院教育学研科紀要別冊』28-1、早稲田大学大学院教育学研究科、二〇二〇年九月）を参照されたい。
19　永野賢『学校文法　文章論』（朝倉書店、一九五九年一月）
20　教材採録の変遷をはじめ、詳細については、幸田国広『『定番教材』の誕生――「羅生門」教材史の空隙――』（『国語科教育』第七四集、全国大学国語教育学会、二〇一三年九月）参照。
21　当時の「現代文」概念をめぐる議論や教材化の観点については、田中稜「旧制中学校における夏目漱石『草

枕』の教材価値」(『国語教育史研究』第二〇号、国語教育史学会、二〇二〇年三月)参照。

22 増淵前掲論文では、「鼻」についてその教材特性を活かした設問が作成されている。

23 関口安義『「羅生門」を読む』(小沢書店、一九九九年二月)

24 三好行雄『作品論の試み』(至文堂、一九六七年六月)

25 前田愛は、「昭和四〇年代には、近代文学研究の新しい方向性を指し示すものとして、すくなからぬ研究者から歓迎された作品論は、じつは研究の制度化の産物であり、いっそう悪いことには、そうした状況を隠蔽する錦の御旗としても機能した」「芥川の作品論は、漱石・鷗外の作品論に次ぐ盛況を誇っているが、それは現在の作品論にとってもっとも処理しやすい対象のひとつが芥川の作品であるという事実の証明に過ぎない」と述べている(「作品論という幻影」『現点』№二、一九八三年)。九二～九三頁

26 当時、大学受験参考書として大ヒットとなった、高田瑞穂の『新釈 現代文』(ちくま学芸文庫版、二〇〇九年六月)の「解説」で、石原千秋は二十年以上も参考書として評価された理由を、「それまでの知識偏重の問題から、新しく姿を見せ始めていた『読解問題』をいち早く捉え」た点に見ている。

27 中馬静男「高等学校国語教育の問題点(大学入試問題を中心として)」(『國語』第六巻第二号、東京教育大学国語国文学会、一九五八年一月)

28 山村亮仁は、文章から読み取れる内容や思想を答えさせる、「筆者はどう述べているか」「文中の語句を用いて」「文章の趣意にもとづいて」等といった設問の述語が昭和四〇年代に確立していくことを指摘している。「設問の『行為遂行性』について」(『全国大学国語教育学会国語科教育研究第一二三回富山大会研究発表要旨集』、二〇一二年一〇月)

29 「入試改革と共通一次・全教科の出題を採点する【国語】」(『日本の科学者』第一四巻第八号)六～七頁

30 太田正夫『ひとりひとりを生かす文学教育』(創樹社、一九八七年九月)

31 大村はま「文学を味わわせるために」(『大村はま国語教室 第四巻』筑摩書房、一九八三年二月)一七一～

二〇六頁。初出は、木下学園国語科教育研究会での講演（一九六七年一二月）。
32 大村はま「文学の鑑賞指導の実際」（『大村はま国語教室　第四巻』筑摩書房、一九八三年二月）五三〜五八頁に、宮沢賢治「貝の火」を教材として生徒の感想に他の生徒が感想を付けていく実践例が紹介されている。
33 向山洋一を代表とし、全国に埋もれたすぐれた教育技術を集め、「追試」を通して、教師の共有財産として広めていこうとする運動。一九八四年に、明治図書の教育雑誌連合の呼びかけによって始まった。
34 山之口正和『国語科授業論――文学教材の学習指導を中心に――』（平成五年度兵庫教育大学大学院学位論文）等。
35 鶴田清司は、教師教育、授業研究、国語科教育の観点から教育技術法則化運動の成果と課題を明らかにした（『国語科教師の専門的力量の形成――授業の質を高めるために――』渓水社、二〇〇七年四月）。
36 渋谷孝『文学教育批判』（明治図書、一九八八年一〇月）一五四頁
37 注36に同じ、三頁
38 注36に同じ、一七〇頁
39 注36に同じ、一六〇頁
40 注36に同じ、三頁
41 竹内好「文学教育は可能か？」（文学教育の会編『講座文学教育Ⅰ』牧書店、一九五九年六月）
42 国分一太郎「文学教育の目的は何か」（文学教育の会編『講座文学教育Ⅰ』牧書店、一九五九年六月）二〇頁
43 注41に同じ
44 注41に同じ
45 注41に同じ
46 杉森久英「国語教師のイロハ」（『文藝春秋』一九六四年四月号）、丸谷才一「私の教科書批判　国語」（『朝日新聞』一九七〇年九月十四日朝刊）

第五章　定番教材はどう読まれてきたか

――「羅生門」「走れメロス」「ごんぎつね」――

（1）定番教材とは何か

「精選」による教材淘汰

定番が生まれるためには、当然のことながら、一定の時間の経過を必要とし、その中で醸成されるユーザーの価値意識が必要になる。

前章では、定番教材の王様「羅生門」の教科書採録史に見られる三つの段階について説明した。そして、戦後になってからも「鼻」「舞踏会」等の影に隠れ、教科書教材としてはほとんど見向きもされてこなかった「羅生門」に注目が集まった背景には、高度経済成長とともに一般化していった読解指導との相関性を指摘した。読解指導の浸透とともに人気教材となった「羅生門」が定番らしさを発揮していくのは、一九八〇年代に現れる第二段階以降である。

「昭和五三年版」高等学校学習指導要領の改訂（一九七八年）は、それまで二〇年継続した〈現代国語／古典〉の二分化構造に終止符を打ち、再び総合制へと回帰する道を選んだ。もちろん、それは単純に昔に戻るということではなかった。決定的な違いは単位数の差にある。必修科目の「国語

Ⅰ」の四単位に加え、準必修の「国語Ⅱ」を加えても標準八単位であり、それまでの潤沢な必修単位数（「現代国語」七単位、「古典乙Ⅰ」五単位）と比べると大幅に減少する。当然、教科書も現代文と古典を合わせたもので一冊となり、採録教材数も大幅減とならざるをえなかった。当時の改訂のキーワード「精選」と「多様化」とが同時に追求されたこの時期、国語教科書では大規模な教材のふるい落としが敢行されたのだ。この「精選」の名の下に行われた教材淘汰こそが、その後の「定番教材」誕生の大きな動力となった。消えていく存在がなければ、「定番」は生まれないからだ。

古典に典拠を持つ「羅生門」は、当時「国語Ⅰ」で追求されていた「現古融合」の課題にも対応する教材としても注目され、「精選」の荒波に耐えて見事に生き残ったばかりか、自らの教材特性を十分に強調しながらその存在感を増していき、一年生用初期学習向け小説教材としての地位を確固とすることになる。

志賀直哉の「城の崎にて」もこの「精選」の荒波を見事にかいくぐり、生き残った教材といっていいだろう。一九五〇年代には、第2章で取り上げた「赤蛙」と対比して論じられることの多かった教材だが、現在でも複数教科書で採録され続けており、「定番教材」の位置を保っている。「城の崎にて」も、戦後初期から多くの教科書で採録されており、「赤蛙」と同じ単元に配置されていた教科書もある。ねらいや手引きの作りも「作者」の死生観や態度に焦点を当てたものが多く、両者の類似性が確認できる。しかし、「赤蛙」と異なるのは、一九六〇年代以降も教材としての需要を維持し、今日においても「定番教材」と呼ばれていることである。その理由は、読解指導へのシフトチェンジにうまく合致できたことにある。近年の「学習の手引き」を見るとそれがよくわかる。

【『精選国語総合』東京書籍、二〇一三年】
①本文を通読して、時間のまとまりにしたがって、全体を六つの部分に分けよう。
②三つの小動物（蜂・ねずみ・いもり）は、それぞれどのように死んだか。また、それぞれの死について、「自分」はどのような感想を持ったか、整理しよう。
③次の部分から、それぞれ「自分」のどのような気持ちが読み取れるか。
（中略）
④次の傍線部について、それぞれが意味する内容を確かめよう。
・「生きていることと死んでしまっていることと、それは両極ではなかった。」を手がかりに、本文を読んだ感想を話し合おう。

このように、「学習の手引き」の設問は、場面分け、要点の整理、人物の気持ち・心情の理解、主題の考察と読解の手順に沿った内容・順序となっている。また、この教師用指導書（『精選国語総合指導書　小説・詩歌』）では、「城の崎にて」の作品の構成が「入籠型の物語構成」として捉えられており、第一段の城の崎温泉へ出かける場面から、第六段の城の崎温泉を去る場面までの間にはさまれた三つの小動物の死に対する「自分」の心情から、「存在の不確かさ」という「主題」把握が可能であるとしている。また、「寂しい」と「静か」、生と死といった対比の関係に着目させて読解の仕方を示すなど、評論の定番教材ともいえる「水の東西」を思わせるような、わかりやすい指導手順も打ち出している。一方、「赤蛙」は、残念ながらこうした特徴的な構成や展開は認めにくく、ストーリーとしてもやや平板であり、人物の心情把握も観念的にならざるをえない。

こうして、読解指導における教材の教えやすさという観点からの選別が行われたのが、定番化の第二段階なのである。

定番と新作

そもそも「定番」という用語自体は、衣料業界での商品番号による管理に由来する。流行に関わりなく一定の需要が見込める商品は、商品番号が変わらずに生産されているため、「定番」という言葉が生まれたらしい。つまり、「定番」とは、「いつでも売れる商品」と同義語なのだ。「定番のツイード・ジャケット」「定番トートバッグ」等といった使い方が広まり、その後、ファッション業界だけでなく、「中華料理の定番メニュー」「親子で観る映画の定番」「定番の旅行アイテム」等、あらゆる消費対象に拡張使用され、今では一般語のようになっている。一九九〇年代以降、日本社会に定着した、比較的新しい言葉であり、その流れが教育・教科書の分野にも浸透し「定番教材」という呼称があたりまえのように用いられるようになったのだ。

「定番教材」という用語は、一九九〇年代半ばになってようやく登場する。[1] それ以前は、「名作教材について考える」、「『安定教材』の神話」、「安定教材をめぐって」等のように、「定番教材」という呼称は業界内にはまだ存在していなかったが、近年の国語教育関係雑誌の特集名や論題では「定番教材」が定着している。[2]「定番教材」の呼称は、「羅生門」や「こころ」等、はじめは近代小説の教材に対して用いられていたが、今では評論教材や古典教材でも長年多くの教科書で採録が続く教材に対して広く用いられるようになっている。

　現在の国語教科書に定番教材は不可欠と思われているが、その一方で、各教科書会社は当然「新作」の発掘・教材化にも力を入れている。発行点数の多い高校用教科書で説明しよう。例えば、近年の小説教材では小川洋子や川上弘美、江國香織といった現代女性作家の作品に注目が集まっている。こうした新教材とともに定番教材が揃えられているのが、いまの国語教科書の姿だ。近代の文豪の作品より、若い高校生の感覚からも遠くない現代小説は、教科書のラインナップとしては欠かせないものだが、両者は絶妙なバランスで収められており、どちらか一方だけでは成り立たないのが実情だ。多忙を極める現場の国語教師とって、一から教材研究が必要になる新教材だけでは手に余る。定番教材は扱い慣れているし、ぜひとも生徒に読ませたいと考える。〈新作〉と〈定番〉は、ともに商品としての国語教科書になくてはならないコンテンツなのだ。

　ただし、新作は足が早い。「今、ここ」を切り取ったような、新鮮さがウリの作品ほど、時間の経過に弱いのだ。例えば、吉本ばななの「みどりのゆび」は、少し前までは現代小説の定番になりかけていたほどの人気教材だった。植物と交流できる末期癌の祖母と向き合い、その死を乗り越えようとする「私」の成長物語である。どちらかといえば学力低位校向けの教科書での採録が多かったが、今日ではかつてほどの勢いはなく、他の現代小説の陰に埋没しかけている。

村上春樹は、今や世界的な大作家であるだけに、各社が徹底して候補作を検討し尽くして今に至っている感がある。現在も多く採録されている「鏡」をはじめ、「青が消える」「レキシントンの幽霊」等、春樹作品の採録がなくなることはなさそうだが、これ以上広がることもまた考えにくい。

評論教材がなかなか定番化しにくいのは、やはり、鮮度が命だからだ。中学・高校の国語教科書の評論教材としては、内田樹、内山節、鷲田清一、福岡伸一といった書き手のものはひっぱりだこになっている。文化論や哲学、自然科学、環境論、生命論等、筆者の独自の視点から事象を切り取って、現代社会の諸問題や現代思想を考える入り口を提供しており、これらの書き手の文章は大学入試問題にも頻出している。このことは教科書の教材選択基準として当然、各社の念頭に置かれている。現場の教師の教科書選択の中心的な規準となるのがこの評論のラインナップだ。採択する教師からすれば、定番教材があるのはどの社も同じ。とすれば、後は評論の品揃え次第、そこに一つでも新鮮で扱いやすい現代小説があればなお良い、といったところだろう。実際、高校用教科書における教材数が右肩上がりに増えているのが評論であり、その他の文章ジャンルは現状維持か縮小傾向にある。各大学の個別入試では、今や小説を出題する大学も数えるほどになっている。[3] 進学実績向上に生き残りをかけている高校の年間指導計画が、ほとんど評論と古文の読解で占められている、ということなども今日ではめずらしくなくない。

評論の話題は、時間の経過と共に更新される。五年、十年経つとやはり古さを感じ、新しいものに差し替えられていくことが多い。評論教材は、現代の諸問題を広く扱っており、その素材や切り口には常に新しさが求められるため、「定番」は生まれにくいというわけである。

評論の定番教材

しかし、評論の中でも定番教材と呼ばれているものがいくつかある。山崎正和の「水の東西」、丸山真男の「『である』ことと『する』こと」、清岡卓行の「ミロのビーナス」等である。

特に「水の東西」は、「国語総合」への採録数が一八種と多く、「羅生門」と同じような位置付けとなっている。日本文化論の古典ともいえるこの文章は、高度経済成長期に山崎が書いた文明批評論を一冊にまとめた『混沌からの表現』(一九七七年)に収められた。教科書の初採録は、一九八〇年代に入って、「国語I」の開始時、同時に三社(尚学図書、第一学習者、東京書籍)で教材化された。日本と西洋の文化的な相違を、「鹿おどし」と「噴水」に象徴させて、「流れる水と、噴き上げる水」「時間的な水と、空間的な水」等と対比的に論じ、日本人の精神を「形なきものを恐れない心」と特徴付ける。対比構造よって切り分けていく文章展開は(一見)明快でわかりやすい。しかし、初採録から三〇年以上が過ぎても、八割近くの教科書に採録され続けているというのはなぜなのだろうか。繰り返すが、時代を反映する評論教材は鮮度が命だ。

「水の東西」の教科書教材としての優位性の一つに、その分量の適切さがあるだろう。四〇〇字詰め原稿用紙にしてわずか五枚程度の小品であり、教科書でも挿絵や図版、手引き等を入れても四ページ程度に収まる。こうしたコンパクトな評論教材はなかなかない。編集側からいえば教科書のコンテンツとして評論は数多く採録したいし、現場の側も短時間で扱えて、二項対立や対比関係といった目印に着目した評論の読み方を教えられるものとして重宝がられている。ただし、この教材一つで日本文化の特性や日本人の精神性を典型化して教えることは乱暴だし、日本文化を「鹿おどし」に代表させるというのも、今日から見ればいささか古い気がする。

一方、丸山真男の「『である』ことと『する』こと」のように、抄録にしてでも教材化が続いている評論も他にはない。「『である』ことと『する』こと」は、元々は丸山の講演録であり、『毎日新聞』に連載（一九五九年一月九日〜一二日）の後、岩波新書の『日本の思想』（一九六一年）に収載された。講演自体は一九五〇年代に行われたもので、新書版で二六ページにも及ぶ、もともとたいへん長いものだ。教科書には一九六四年に『現代国語２』（三省堂版）にはじめて掲載された。以来、半世紀を超えて教材化され続けている。

近代化の「する」価値と、文化的な「である」価値という二つの物差しを端的なキーワードで指し示し、その価値が倒錯している現状の問題点を指摘するとともに、現代日本に必要なものは、「ラディカルな精神的貴族主義」が「ラディカルな民主主義」と内面的に結びつくことだという主張にまでたどり着くには、教師も学習者もかなり骨の折れる。そのためか最近は、比較的わかりやすい前半のみに限定して採録し、日本社会の諸現象を「である」価値と「する」価値という二分法で切

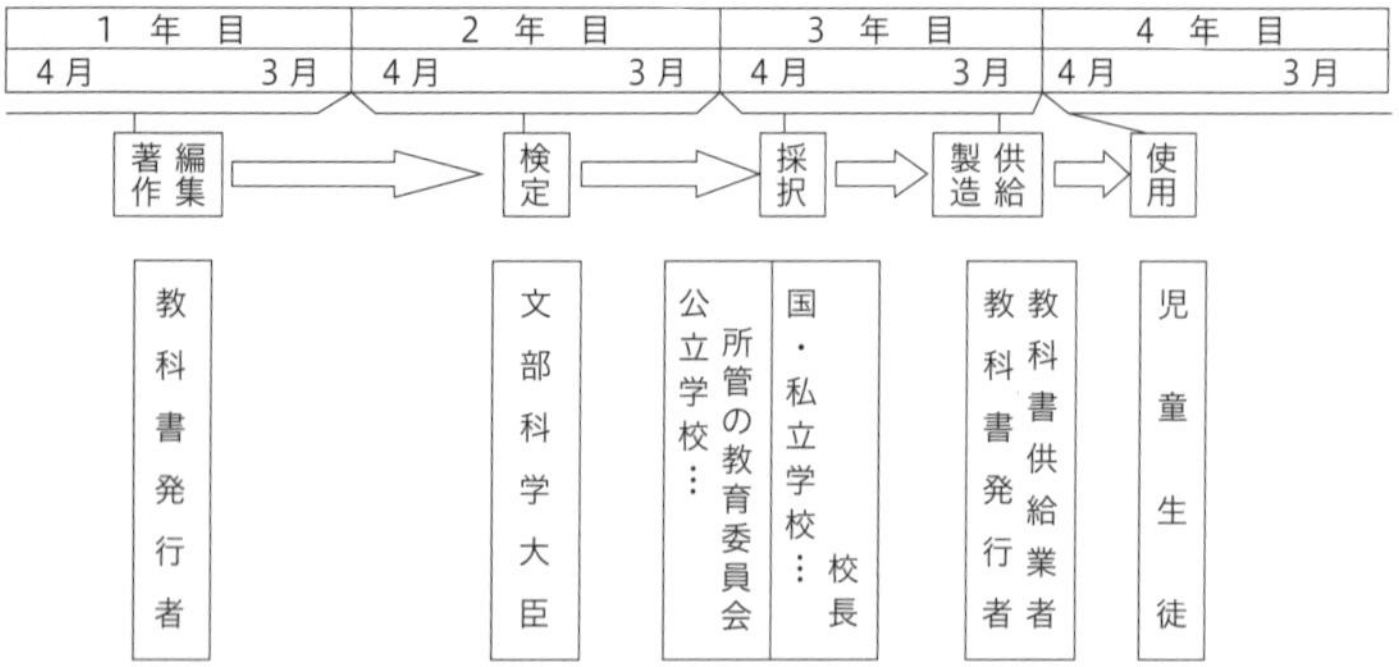

（注）製造・供給、使用の時期は、前期教科書の例を取った。
図1：教科書が使用されるまでの基本的な流れ

り分けて意味付ける形が増えている。そこまでしてこの教材を採録し続けるのはなぜなのだろうか。

少子化と同質化

検定教科書は勝手に書店で売ることはできない「本」である。その「本」が教室で読まれるまでには、図1のようなプロセスを要する。[4] およそ十年に一度の学習指導要領改訂期には、教科書を一から作り直すので、編集期間は一年では済まない。仮に二年取れば、検定、採択の期間を経てようやく五年後に使用開始となる。教科書を作り始めるとき、編集委員会はだいたい五年以上先を見据えて教材を選定する。

編集作業は、教材を選ぶだけではない。「学習の手引き」等といわれる教材学習に関する設問を作成したり、本文校訂や注等の作成、作品を教材にするための様々な手当を行う。編集委員はそれぞれが理想を持ち教材化したい候補作を持ち寄るが、ほとんどがボツになる。内容がどれだけ魅力的でおもしろくても、教科書に収めるのに適した長さになっているか、差別語や性的描写等がないか、といった点をクリアしないと検討の俎上にも乗らない。前で述べたように、村上春樹作品の採録が現状では限定的でなかなか広がらないというのも、このあたりの事情が絡んでくるからだろう。

その点、定番教材はすでに長年の実績と現場からの支持があり、候補作の選定作業の段階でははじめからシード扱いで、目次上ほぼ固定化されている。あとは新味を出すために新教材を発掘するというのが、編集会議の主な流れとなる。

こうして白表紙本と呼ばれる教科書の原型ができあがる。検定期間は一年弱の時間を要し、合格してはじめて見本本となって現場に届けられ、ようやく採択戦にかけることができるのだ。採択こそ、教科書会社にとっては命脈だ。検定に通っても採択されなければ社の存続に直結しかねない。教科書であっても、売れる「本」でなければならないのである。

こうした点を踏まえて、「羅生門」の教科書採録史に戻ろう。

第三段階は、第二段階の延長上にある。必修科目が「国語I」から「国語総合」に変わっても、教科書の編集原理はほとんど変わらず、「国語I」で定着した教材がそのまま引き継がれていった。変化は、教科書ではなくマーケットの方に起きたのである。

教科書採択といえども市場競争の原理と無縁ではありえず、一九九〇年代に入ると少子化によって高校入学人口が頭打ちを迎える。[5] 教科書マーケットが縮小していく中で、教材ラインナップや配列が横並びとなる同質性の浸透は、ますます強まっていく。その結果こそが、第三段階にみられる

「羅生門」一〇〇%採録という事態である。

この同質化傾向は、古典教材のラインナップにおいてより顕著にみられる。そもそもカノンとしての古典の価値は、その時代の政策や文化的な枠組み等によって創られたものであり、とりわけ教科書が「古典」創出のメディアであることはハルオ・シラネ等の仕事によってよく知られている。[6]

古典教材が、学年配置も含めて似通ったものになり始めるのは、やはり高度経済成長期である。一九六〇年代半ばから高校進学率が急増し、その後、実質的全入となって以降、「古典嫌い」の存在を意識した教材選択・配列となっていく。高校生と言っても、学力差や学習意欲の差は大きくなり、多様な背景をもっていたりと、かつてのような一握りの優秀な学習者層ではなくなった。つまり、いかに生徒の興味・関心を引くか、古典を学ぶ価値付けに腐心したり、学習の動機付けに配慮した編集が強化されていく。一方で、古典を読むための文法・語法の重視は従来と変わらず、品詞分解を経て現代語訳をするという学習過程の画一化は温存されたままだ。

その結果、両者の観点を踏まえて、一年次の古典入門では「児のそら寝」「馬盗人」等の説話から始まり、随筆や歌物語等を経て、二三年次に待ち受ける「源氏物語」を頂点とする教材配列のベースができ上がっていく。[7] このように古典教材は、どの教科書も似たような作品と同傾向の配列によって同質化傾向を強めるのだった。

「定番教材」とは、この同質化という経済原理を背景にして誕生したものの名前である。

（2）心情中心の読解がもたらすもの

読み方の定番化

前章で確認したことだが、定番教材は教科書における定位置を持ち、「羅生門」の場合はこれまで一年生用教科書のはじめの小説単元に置かれることが多かった。このことは、高校生に「基本的な小説の読み方」を教える教材として位置付けられていることを示唆している。

過去の「羅生門」の授業実践記録等や各社教師用指導書をみると、一九八〇年代以降、原典との比較読みや続き物語の執筆、シナリオ等への書き換えといった学習活動・形態の多様化がうかがえる。[8] しかし、こうした多様な展開も、あくまでも「基本的な読み取り」をふまえた上での発展的な学習活動として紹介・例示されており、語句や表現を捉えて下人の心理の推移を辿り、大意をまとめたり主題あるいは作品のメッセージについて考えさせたりといった読み方そのものに関しては、いずれの実践においても指導過程における定石となっている。[9]

つまり、様々なアレンジが可能で幾通りものパターンが演出できる、というのもまた「定番」のなせる技なのだ。「羅生門」の「学習の手引き」が変わり映えしないのも、現実的に多くの現場がどう扱うかを見通した上での措置なのだろう。あくまでも、教科書上の位置付けとしては「基本的な読み方」から外れた、個性的な読み方を教える教材、あるいは解釈の多様性や文学の深みへと誘うような教材としては期待されていない、ということになる。[10]

しかし、これまで近代文学研究の場では「羅生門」の解釈は様々なものが提出されてきた。吉田精一にはじまり、駒尺喜美、平岡敏夫、三好行雄、関口安義、田中実等、いずれも個性的な作品解釈だ。専門化の手にかかると「羅生門」はこれほどの幅をもって読める作品なのだと気付かされる。その中の一人、平岡は、高校現場で「羅生門」が学習者にどのように読まれているのかという点から重要な発言も残している。

一九八〇年代半ばのことである。平岡は、新潟県の定時制高校での実践を取り上げ、まずその初発の感想文に着目する。「羅生門」をはじめて読んだ高校生は、作品のもつ独特の雰囲気、うす気味悪さに興味を持ち、不気味で恐ろしい異空間に強く惹きつけられていることを特徴として挙げる。ところが、授業が終わった後の感想では、「この授業が終わってから考えてみると、なんだか最初の時よりきょうふ感というものがうすれてきたみたい。こわくもないしおもしろくもなかった」という高校生の感想を引き、作品との最初の出会いに胚胎された興味や関心が授業の過程で脇に追いやられてしまい、「下人の心理・人間の心といったところにしぼられてくる」という問題点を指摘している。[11]

教材の定番化という現象は、もちろん、教科書を採択し授業で扱う教師たちによって支持された結果もたらされたものだ。学習材という観点からいえば本来のユーザーは学習者だが、児童・生徒は教科書を選べない。選ぶのは教師である。

問題はその支持の内実である。二〇〇〇年代に入って行われた「羅生門」をめぐる「座談会」がある。「考えてみると『羅生門』というのは、一番旧来型の授業をしやすい教材ですよね。でもやり終えると、なんとなく自分はやったという充実感はあるんですよ。その危険性をちょっと感じます。」という高校教師からの発言は、「羅生門」に寄せられている広汎な支持の内実を端的に伝えているように思える。[12]

これを使っていれば安心という学校現場と、そうした現場の「支持」がある教材を外すことはできないという教科書編集との、いわば相互依存関係が今日の教材定番化という事態の根底にある。

潜在する道徳

「羅生門」の定番化は、教室での読み方の定型化とともに進行し、そのことによって教材としての価値意識も形成されてきた。こうしたことは「羅生門」に限ったことではなく、定番教材と呼ばれる教材群にほぼ共通して指摘できる。

第三章で見たとおり、「走れメロス」の教材採録プロセスも、まさに読み方の定型化と軌を一にしていた。採録が始まった当初は、高校用と中学用で混在し、学年もまちまちであり、本文も省略されたものが多く見られた。これが次第に中学校用の、しかも二年生用に定位置をもつようになり、本文も全文採録が当たり前になっていった。それに伴い、「走れメロス」でも、場面の移り変わりに伴う人物の心理・心情を辿る読み方が定着する。

このように定位置を保ちながら安定していく「走れメロス」の採録史からは、読解指導の流行が教室における文学教材の扱い方に何をもたらしたのかということもまた浮かび上がってくる。「支持」の内実は、もちろん読み方のレベルだけではない。文学教材の内容価値への視線もまた見落とすことはできない。

指導過程と教材価値の関係を考えるために、三枝康高（一九一七〜一九七八）の「走れメロス」実践提案を見てみよう。三枝は構造分析の読解を提唱し、一九六〇年代の読解指導論をめぐる論戦をリードした一人だ。「作品をいきなり主題においておさえることは、文学を非文学として扱うことであって、それは徳目主義の道徳教育に転化する危険性をはらまざるをえない」として、一九五〇年代の鑑賞指導が方法論を持たず、「人間形成」の目標を徳目に矮小化しかねない弱点を見ており、「主題」指導に絡め取られる危険性を指摘した。そこで、文学の学習指導は具体的な「構想」「構成」を把握する段階で「読者の追体験」が行われるとき、真の「人間形成」につながるというビジョンを示した。このことを三枝は構造分析と呼んだ。目標論としては文学教育の立場に立ちながら、具体的な方法論としての読解の手順を提唱してきた人物だ。こうした考え方に基づき、三枝は「メロスの心が、事件とともに移り変わっていく様子を、順序を追ってまとめる」というねらいから、刑場に向かうメロスの葛藤に焦点を当てた読解指導例を示している。[13]
では、教科内容としての心情の読解手順を前面に据えることで、文学の授業は道徳と切り離すことができたのだろうか。一九八〇年代後半に開催された、日文協国語教育部会による座談会「文学教育と道徳」では、この問題を正面から取り上げている。出席者の一人、須貝千里は中学校における「走れメロス」の実践の実態を次のように指摘する。

現在の状況で言えば、あんなばかばかしい話はあり得ないと思う子供たちの層が、昔に比べればふえてきているのかという感じを持ちます。どちらにしても感想の中で、教師でどういうことをやっているかというと、メロスの心理の変化を押さえている。そこのところの重点は何かというと、メロスがいかに弱い面を持っているか、そういうメロスの弱さに注目させて、その弱いところを持った人間が立派になったと、そこのところを感動的につかませたいみたいな形に指導が進んでいると思うんです。（中略）結果として、徳目が正面に授業の内容として出されていないだけの話で、徳目主義的な読み方をしてしまっていると思うんです。[14]

須貝の発言を受けて、高校教師の松原正義も「高校ではもっと極端な形で、しかもいろいろなところであらわれてきているのではないか」と同調し、漱石の「こころ」の扱い方を挙げて、「先生の心の中のエゴイズムと言いますか、醜さというか、そういうものと、それと戦おうとするもう一つの良心」との戦いをしっかり読み取らせようとしている、と指摘する。[15] 徳目主義や道徳教育を意識せずとも、人物の心情中心の読解が「結果として」道徳教的な読みに決着していることをこの座談会は鮮明に浮かび上がらせている。三枝の構造的読解はこうした読まれ方とどう異なるのだろうか。

「走れメロス」が全文掲載となり、結末の緋のマントの挿話も含めた本文に移行してからも、実はメロスの「赤面」が教室で取りあげられてきたとは言い難い。命を託してくれた友の信頼、信実のすばらしさの共有へと向かっていく読解指導にとって、不都合な描写は読み飛ばされてきたのである。きまじめな読解にとって、勇者の「赤面」は困るのだ。だが、こうしたノイズにこそ原作のオリジナリティーが潜んでいるのではないだろうか。しかし、きまじめな「読解」は、メロスの「赤面」のような不協和音は避けようとし、そこにこそ関心を寄せていた学習者にとっては文学に出会う入り口は塞がれてしまう。渋谷孝のいう「文学の毒」こそ、学習者が文学と出会う入り口になるのかもしれない。

こうして、かつての「鑑賞」による人間形成は、表面上「読解」と道徳的価値とに分かれ、国語科では主に正しい「読解」に学習の主眼が置かれることで、登場人物の心情の変化を場面の展開に即して読み取る授業が一般化していくこととなった。登場人物の心情が中心化することは、人間の心の揺れや弱さの再発見という内面的な価値を学ぶこともまた文学教材に期待されてきたことの証でもある。だが、そうした学習指導の固定化は、「正解」＝「徳目」主義、「心情中心主義」等と批判されるような実態を生み、「隠れた道徳教育」を内に抱え込んでいくことになる。[16]

平和教育と文学教材

定番教材に対する国語教師の「満足感」は、おそらく目標とする教育的価値と結びついている。人間のもつエゴイズムであったり、信頼の尊さだったり、その教材を読むことが、あるべき価値追究には不可欠であるという確信があればこそ、その教材を教えないわけにはいかないという思いに駆られるのだろう。こうした意欲や良心が教材への確信を支えることになる。

だが、当然のことながら、望ましい価値の追究は学び手によって追究されてはじめて意味のあるものとなる。もしも学習者の主体的追究を欠いた価値志向の教育が実践されるとすれば、いったいそれは何を意味するのだろうか。

国語教科書の定番教材には、戦争を描いた文学作品も少なくない。戦争教材や平和教材などと呼ばれるものだ。小学校用には「一つの花」「ちいちゃんのかげおくり」「川とノリオ」等、中学校用には「夏の葬列」「黒い雨」等、高等学校用には「野火」「俘虜記」「夏の花」等、がある。

これらの戦争平和教材も、やはり高度経済成長期に採録が目立ち始め、その後一九八〇年代にかけて採録数を増加させていく。[17]

いったいなぜこの時期なのだろうか。戦争について考えることや平和を求めることは価値志向的な教育の代表であり、教科の枠組みを超えた、教育全体に関わる問題だ。

戦争平和教材は、とりわけ中学・高校の、広島・長崎や沖縄への修学旅行に向けた事前学習の一環として活用を広げてきた歴史を持つ。現地へ行って戦争体験者の講話を聴いたり、戦跡を訪れたりする際の態度を作り、学習効果を高めるためだ。夏休みの読書感想文のための課題図書として指定されることも多い。戦争平和教材は、学校行事と結びつくことで一層不可欠なものとなる。教科書にそのための教材枠が用意されていることも多く、限られた小説ジャンルの一席をこれらの戦争平和教材が占めることになる。

しかし、戦後七〇年が経った今、「戦争の記憶」を継承することはますます困難になってきている。二十世紀の終わり、加藤典洋の「敗戦後論」が話題となった頃、戦争体験者の語ることばが修学旅行生に届かないというエピソードが注目された[18]。それは、事前の知識が不足していたとか、人の話を聴く態度、しつけができていなかったといった問題ではなく、「戦後」という時間の質的変化を象徴する出来事だった。

教材にあるべき価値が内在していると考えるとき、読まれる時代や場面といったコンテクストの変容とそれに伴う読者の存在をどう考えればよいのだろうか。戦争平和教材の定番化とは、ある意味で、こうした読まれるための諸条件を無視することにもなるのではないだろうか。

戦争平和教材の成立

そもそも、なぜ高度経済成長期以降に戦争平和教材が多く採録されるようになったのだろうか。

平和教育運動が組織的展開を見せ、盛り上がっていくのは一九七〇年代以降であり、皮肉なことに大阪万博の年に大ヒットを記録した「戦争を知らない子どもたち」（北山修作詞、杉田二郎作曲）に象徴される、「戦争の記憶」の世代間格差が問題化しはじめた時点からである。この曲は、一九七一年の日本レコード大賞新人賞を獲得し、その後も長く反戦歌の代表作として歌い続けられている。太平洋戦争終結から二〇数年が経ち、東京オリンピックや大阪万博を経験した日本社会は、戦争の記憶の風化に直面することになった。

だが、一方で、日本に置かれたアメリカの軍事基地から飛び立つ戦闘機によってベトナム戦争が激烈をきわめてもいた。「教え子を再び戦場に送るな」のスローガンとともに、広汎な教師たちを巻き込んだ平和教育運動が展開され始めるのが、この時期だった。教科教育では社会科や国語科等を中心に、戦争をいかに教えるか、平和への願いをどう育てるか、様々な教材発掘や試行的な授業実践が行われるようになっていった。小学校の「一つの花」や「かわいそうなぞう」「川とノリオ」等は、そうした教材発掘の成果だった。

日本における児童文学の成立も、戦後という時間と無関係ではない。日本児童文学研究の泰斗、宮川健郎によれば、日本の児童文学は、「敗戦後の社会のなかで、子どものための文学はどうあるべきか」が考えられ、『赤い鳥』以来の「童話」の伝統的な思想と方法が問い直されたことで誕生したという。[19] 戦争平和教材が使われるためには、まず作品そのものが創られなければならない。そして、新しく書かれた児童文学作品が、平和教育を志向する教師たちによって見出され、次々と教材化されていったのだ。

文学教育を標榜する人々も、文学教材の読解指導でも、立場を超えて、小学校、中学校を中心に、平和教材を学習者に読ませ、戦争の悲惨さや人の命の尊さを教えようとした。そこでは、登場人物の気持ちや心情の読み取りに指導の軸があったため、いかに「共感」させ、「感動」させるかが模索されていった。

しかし、一九八〇年代頃から、この文学教材への「感動」「共感」という重点の置き方は、平和教育の進展・成熟とともに修正されていくことになる。広島の国語教育研究者、大槻和夫は一九六〇年代後半から始まった教材化の流れと運動の結果として、国語教科書採録への反映と、「どこでも、だれにでも取り組める平和教育」として「一定の定着」を見るに至ったとその成果を認める一方で、「感動」を重視するあまり、「感性的認識」にとどまり「現実認識の力」を育てていないという問題点を指摘した。[20] 大槻が強調するのは、あくまでも「感性的認識」のみに重点が置かれてきた偏りであり、それだけでは戦争の実態や平和の本質に届かないという問題点だ。

ここからは戦争文学教材を扱う際の難しさも透けて見える。平和教育はそもそも、〈反戦平和〉という明確かつ絶対的な指標をもつ価値志向的な教育であり、そのことに奉仕する教材として戦争平和教材が用いられる。一方で、文学の読み方として読者個々の「共感」「感動」の重視という、一人ひとりの感受性や認識、文学体験が求められている。そうだとすると戦争平和教材は、きわめて不安定な土台の上に成り立っていることに気付く。それは、渋谷孝がいうような「思想教育」や教化の道具なのか、それとも虚構の体験を通して読者がそれぞれに認識を獲得するためのものなのか。

こうしたジレンマの存在は、人間のもつエゴイズムへの批判を読ませようとする「羅生門」や、友情の尊さを教えようとする「走れメロス」を教材化する場合でも同じことではないだろうか。教師の期待や願いが教材化や指導方法にストレートに反映されるとき、学習者はそこでどのように文学と出会うことになるのだろうか。

（3）高度経済成長後の文学教材

小学校国語はキツネ読本

教師の期待や願いが込められた文学教材を、登場人物の心の動きに焦点を当てて読む。読解指導が一般化した教室での文学の扱いを一言でいえばこうなるだろう。もとより、教師はある教育的価値に触れさせたいと考える、その期待や願いはもちろん善意のものであり、強い信念と結びついている場合もある。そして、その思いが強ければ強いほど、時として教材解釈のための手順は細かくなり、丁寧に時間をかけた指導が行われやすく、発達段階が低いほど、その手順と思いはストレートに結びつけられやすい。

小学校の国語教科書を開くと、子どもに対する大人の期待感がどのようなものなのかがよくわかる。昔から全般的に生き物、動物がたくさん登場するが、近年ではキツネが至る所に出没する印象がある。全社で採用されている「ごんぎつね」（新美南吉）を筆頭に、「キツネの窓」（安房直子）や「きつねのおきゃくさま」（あまんきみこ）等も複数社に採録されて久しい。このことは、小学校国語教科書における定番教材の際立った特徴だ。特に「ごんぎつね」は、定番教材の王様ともいえる存在で、長らく全社に採録され続けている。現代の子どもたちの生活においては身近な動物とは思えないキツネが、なぜ国語教科書には多く登場するのかは、一度しっかりと考えてみる価値があるだろう。

こうした特徴にいち早く気付いた国語教育学者の藤森裕治は、平成一八年版教科書を対象に動物語彙の出現頻度を調査し、語彙数・教材数ともにキツネが最多だったことを明らかにした。そして、話形分類や他の動物との比較を行った上で、キツネという動物が独自にもつ特性として「多相的精神」が認められることを指摘している。[21]

もっとも、キツネはイヌ・ネコ・ウサギのように昔からずっと人気キャラクターだったというわけではない。戦後しばらくは第一次産業が日本経済を支えていたが、日常生活の中に溶け込み人々と暮らしをともにしていたウマやウシが、イヌ、ネコ、ウサギといった子どもたちに馴染みの愛らしい動物とともに多く登場している。今日でこそ、ウマ、ウシの登場は激減しているが、昭和三〇年代前半までは、教科書の中にこれらの動物が登場することはごくありふれた日常を描くためには必然だった。

【表】出現数の多い動物ベスト6

	計	1年	2年	3年	4年	5年	6年
イヌ	8.9	13.4	9.2	7.0	7.3	6.4	10.4
ウマ	6.5	3.6	4.8	6.5	7.0	6.2	11.6
ウシ	6.1	5.2	6.6	5.5	5.0	6.4	7.0
ウサギ	5.7	9.4	8.7	5.8	4.2	3.6	2.5
ネコ	4.6	10.4	5.9	2.5	3.4	1.5	3.8
キツネ	3.0	3.7	3.0	4.8	4.3	1.3	1.3

※各項の動物を含む作品総数との対比、数字は%
「小学校国語教科書データベース」（教科書研究センター、1993年）

教科書研究センター作成の「小学校国語教科書データベース」によると昭和期のトップ5を占めるのは、いわゆるペットや家畜だった。[22] 前頁表のとおり、キツネはペットでも家畜でもないにもかかわらず六位に位置している。家畜は人間的秩序に組み込まれた最下層に位置し、ペットは愛玩動物としてまさに人と同じように飼い主とともに暮らす。ある意味、人間社会に埋め込まれた存在だが、キツネはそうした秩序にはおさまりにくい。

また、教材ジャンル別に動物の登場頻度を見ると、イヌ、ネコ、ウサギはおしなべてどのジャンルの教材にも多く登場するがキツネは物語や詩に多く、説明文や児童作文では相対的に低い出現率となっている。[23] そもそもがきわめて文学的な表象なのだ。というのも、日本では古くから伝説や民話の中でキツネが人を化かす話が語られてきた。古代の『日本書紀』に始まり、『日本霊異記』『今昔物語集』等にも登場している。こうした古来からの伝説や説話、民話に登場するキツネ表象には、日本の文化的・社会的背景に基づく動物認識が歴史的に刻印されてきたのである。

キツネ教材の増殖

では、キツネが登場する教材（以下、キツネ教材）はいつ頃から増えたのだろうか。戦後から現在まで継続的に発行している教科書会社四社（学校図書、教育出版、東京書籍、光村図書）を対象にキツネ教材の出現数を調査したところ、概ね一九八〇年代以降に倍増、以降、漸増傾向であることが見てとれ、現在ではおよそ三倍に達していることがわかった。[24]

一九六〇年代頃までのキツネ教材は、いわゆるイソップものが多かった。「カラスとキツネ」「キツネとぶどう」等、意地の悪いキツネとして登場し、人間の心を戒める教訓的な話題を提供している。

そもそも、教科書の国定制度が始まる以前から、イソップ寓話はしばしば国語読本等に採録されてきた長い歴史をもつ。例えば、坪内雄蔵編の国語読本には「自分の影に向かって吠えた犬」「鼠の相談」「日和見主義の蝙蝠」等が採られている。また、国定読本期には全期間を通じてイソップ寓話に基づく教材が採られていた。[25] これらの一部が戦後もしばらくの時期まで国語教科書の中に、悪知恵やずるさを戒める教化のための表象として息づいていたのだ。

キツネは戦後もしばらくまでは日本人の暮らしと非常に近しい関係にあった。漁村、農耕村落、草原、森林など多様な環境に適応しながら、人々の生活風景に溶け込んでいる動物だった。その生態から人々はキツネにまつわる様々な物語を創り、語り継いできたと考えられている。民話は、人々の生活に根ざし、生活の現実の中から生まれる。キツネが人に化けたり人がキツネに化かされたりという話は、かつては日本国内どこでも聞かれたものだった。

ところが、哲学者の内山節によれば、日本の各地で語られてきた「キツネが人をだます」話は高度経済成長期にはほとんど消滅し、そのことは「身体と結びついて再生された歴史」「自然の生命と人間の生命が結び合いながら生きてきた歴史」といった「生命性の歴史」の衰弱を意味するという。[26] そうだとすると、「狐ばなし」の消滅とは、いわば人間と自然の暮らしの調和が断ち切られ共同体がかつてのようには機能しなくなったことのメルクマールである。そして、この頃から逆に国語教科書ではキツネ教材が増加しはじめる。しかも、増殖するキツネはイソップのようなストレートな教訓を示すものではなかった。

キツネ表象の変化

一九三二（昭和七）年に『赤い鳥』に発表された「ごんぎつね」が教科書に採録されるのは戦後になってからであり、定番化が見られ始めるのは、やはり一九七〇年代以降のことだ。「ごんぎつね」の採録率がまだ三割程度だった一九六〇年代までは、教室での読み方も今とは異なっていた。

当時は、「走れメロス」の場合と同様に、本文に様々な手が加えられていた。情景描写や会話等が大幅に削除されていたり、末尾を改変することでごんが死なない話になっていたり、編集側の意図を露骨に反映した本文が採録されていた。[27] 一九六一（昭和三六）年の中教出版版はその最たるものだ。なんと、兵十の撃った弾がごんの足に当たったことになっている。「学習の手引き」も、現在主流のごんや兵十の気持ちの読み取りではなく、「ごんのしたことをどう思うか」といった、作中人物の行動の善悪について児童に考えさせる設問が中心だ。さらには教材の後には、ごんが「いたずら」をしたことが問題だったという生徒感想文が添えられ、期待される解釈を方向付けている。つまり、この頃までは「ごんぎつね」もイソップのキツネと同じように、教訓を読み取り、道徳心を涵養することに堂々とねらいが置かれていたのだ。

しかし、採録率が七割に跳ね上がる一九七〇年代以降は、本文も原典に沿ったものとなり、「学習の手引き」の設問にもごんや兵十の気持ちを考えさせるものが増え、人物の心情とその変化を中心とした読解へと変わっていった。単純なキツネの属性にもとづく教訓ではなく、人の心の複雑さを解釈する方向へと扱いがシフトしていくとともに、「ごんぎつね」は定番教材への道を歩むことになっていく。そこでは、複雑に擬人化されたキツネの心、つぐないの思い、優しさ、孤独、思いやりといった、現実の人間以上の「人間らしさ」を小学生が登場人物の気持ち・心情の変化に照準が定められた読解によって理解することが方向付けられているのである。[28]

「ごんぎつね」だけではない。「きつねのおきゃくさま」(あまんきみこ)、「キツネの窓」(安房直子)等に登場するキツネは、読者である人間に「人間らしさ」を迫る存在だ。

このように、「キツネが人をだます」話が消え「自然の生命と人間の生命が結び合いながら生きてきた歴史」が衰弱したとされる高度経済成長期以降、逆に教科書にキツネ教材が増え始める。そして、そのキツネは、イソップ寓話のような教訓ではなく、複雑な心を伝える擬人化によって描かれる文学的な表象として登場する。

戦争平和教材が「戦争の記憶」が薄れかけた高度経済成長後に増加したの同様に、同時期に進行した「生命性の歴史」の衰弱によって共同体から失われつつあったものを、国語教科書はキツネに仮託して顕在化させているように見えるのである。

（4）甦る単元学習

教えることから学ぶことへ

読解指導は高度経済成長と軌を一にして小・中・高校の国語科に根付いてきた。しかし、同時にその問題点や行き詰まりも指摘されるようになっていた。教科書教材を教師の発問や板書によって展開していく国語科の授業では、学習者の興味・関心、問題意識は二の次になりやすい。学習者がもっと能動的に参加できて学びの成果を実感できるような授業改善が必要だと考えていた人々によって、国語単元学習の再興が唱えられていた。

日本がバブル経済に沸き立つ頃、倉澤栄吉は、戦後、アメリカから移入した経験主義教育観に対する「抵抗や修正を、深いところで受け続けながら、今日息を吹き返した」と述べて、国語単元学習復活の狼煙を上げる。

学習者が諸種の束縛から解放されなければならない。解放されたときに自分の道を選ぶことができないような自由化は、無責任以外の何ものでもないから、ふだん単元学習で足腰を鍛えておかねばならぬ。読め、書け、話し合え、考えようと号令をかけていたのでは、それらの号令がなくなったときに子どもたちは、とまどうばかりであろう。国語単元学習で学習者の足腰を鍛えるのである。（中略）地域単元、作業単元、課題単元のような、学習者に直接自覚され問題視され、実の場で追求されていく言語諸活動が足腰を強くする基礎基本なのである。読むことは読むことによって力がつく。話し合いの力は話し合うことによってしか身につかない。[29]

国語単元学習は、個別の教材や活動を、目標のもとに単元として包み込む。そして、学習者が学ぶことによってはじめて成り立つ。言語活動を通した学習指導は大前提だった。右の引用のように倉澤は、「実の場で追求されていく言語諸活動が足腰を強くする基礎基本」だとして、基礎学力論と学習者の主体性を重視する態度主義学力論とを統合する場として、新単元学習を教育の本来的な姿として位置付けようとした。

戦後初期、焼け野原から新しい教育を立ち上げようとしていた時期に、単元学習は教室や図書室といった必要不可欠な施設・設備を欠くとともに教師の十分な理解も意識変革もないまま、学力低下論の大合唱とともに下火となり、そのまま否定的に語られることになっていった。倉澤や大村はまは、そうした暗黒時代の中でも学習者の主体性を重んじた国語単元学習を追求し続けていた。一方で、高度経済成長期を通じた読解指導の拡大と固定化は、教科書教材を画一的に教え込み、学習者の主体性や興味関心を顧慮していないといった問題点もまた次第に明らかになっていった。国語単元学習の理論的指導者、田近洵一はその問題点を次のように指摘している。

教材中心単元も、単元学習の一つの形ではある。しかし、単元とは何かの問い直しを忘れた教科書中心の学習指導は、結果としては、戦前からの読本教材の解釈学的な読解指導といくらも違わない形で行われてきた。また、時には、特定の文章解読技術を中心に展開する学習参考書といくらも違わない形もないではなかった。どうしても教材（特に教科書教材）とのかかわりを深くせざるをえない国語科は、だからこそ、改めて、単元とは何か、国語科における単元学習はいかにあるべきかを問わなければならない。それを問うことは、国語科教育のあり方を問い直すことにつながるはずである。[30]

さらに元号が平成に変わる頃には、国際化や情報化が急速に進み、社会構造の変容にともなう教育のあり方について抜本的な見直しが検討されていった。こうした風潮とも呼応するように義務教育では国語単元学習が大きな流れを形成していくのだった。

新学力観の潮流

国語単元学習が再注目を浴びることになる背景に、「平成元年版」学習指導要領の改訂（一九八九年）があったことは視野に入れておかなければならない。前章で平和教育と文学教育の課題を鋭く指摘した大槻和夫の言によれば、「いまなぜ単元学習なのか」という問いの答えは、「社会構造の急激な変化とそれに伴って要求されるようになった国語学力の育成という観点」が必要になったからだという。[31]情報化や国際化、そして、生涯学習社会への移行は、新しい学力観を要請していた。

新学力観は、旧来の知識や技能といった測定可能な要素的学力だけでなく、思考力や表現力といった機能的な学力をより重視し、「関心・意欲・態度」も含む態度主義学力観によって全体を包括する考え方である。当時のオピニオンリーダーの一人、教育学者の安彦忠彦は、新学力観の新しさは、単なる態度主義学力観への移行ではなく、「自己教育力」を前面に出したことに見ている。新学力観は、「基礎・基本」の重視に加え、思考力や表現力といった機能的学力を駆動させる、学習者の「関心・意欲・態度」を学習評価の一つに明確に据えた。そして、「『自己教育力』という社会教育的概念で、新しい学力を括ったことは、やはり時代が戦争直後の昭和二〇年代とは根本的に異なる」と、戦後初期との違いを強調する。[32]

国語単元学習は、学習者の生活における興味・関心に基づき、主体的能動的な学習活動を通して行われる。田近は現状の問題点を指摘した先の引用に続いて、次のような単元の構成原理を提起した。[33]

単元の構成原理

1、**活動と学力**とを明確にする

どんな活動を通して、どんな学力の習得をはかるかを具体的に明らかにする。

2、**場**(シチュエーション)と**興味**(インタレスト)を生かす

活動を必然とする〈主体が生きる場〉をとらえ、児童・生徒の好奇心や問題意識を喚起し、活動のばねとする。

国語単元学習のこうした構成原理は、学習者の興味・関心を動力に、主体的に展開する学習活動を通して学力を育もうとする新学力観の潮流を追い風として、主として小・中学校で広く実践されるようになっていった。

高等学校の国語単元学習

高等学校でもこうした変化がなかったわけではない。読解指導への反省や表現力の指導が疎かになっているといった批判を踏まえ、学習者の主体性の重視や「理解」と「表現」とを統合するような単元づくりとその実践が試みられていた。

例えば、大阪の高校教師、加藤宏文は、一九八〇年代、「国語Ⅰ」「国語Ⅱ」「国語表現」といっ

た当時の新科目をフィールドに、独自の主題単元学習を矢継ぎ早に展開していた。「ことばの美しさとは何か」「文明は、何をもたらしたか」「私たちにとって、自然とは何か」「今、なぜ、愛が求められるのか」といった探究的な主題（問題意識）を設定し、柔軟な教材開発とともに多彩な学習活動、表現活動によって、技能目標と価値目標とを統合する単元化を試みていた。

> この価値を求める学習には、持続と集積との条件が、必須である。技能学習を踏まえて持ち始めた自らの「主題」意識は、新たな教材や相互批評の力に触発されて、とどまることを厭う。中で、学習者は、自らの「主題」への思考と認識の力を豊かにしていく。そこでは、「理解」を確かめるための「表現」、「理解」を深めるための「表現」、自らの思考・認識の成果を創出するための「表現」が、「理解」活動と統合されなければならない。[34]

加藤のいう「主題」は、読解指導論でいうところの「主題」ではない。読解指導が、教師の発問や課題提示に導かれて、文章の「主題」に到達させるのとは異なり、学習者の主体的な問題追及の過程で浮上してきた、自らの問題意識を「主題」と呼ぶ。この「主題」を追究する過程で、「技能」と「価値」、「理解」と「表現」、これら二つの「統合」が目指される。

このような単元開発や教材開発は、続く一九九〇年代以降も東京の町田守弘や兵庫の遠藤瑛子等によって旺盛に展開されていった。町田や遠藤に共通するのは、写真、絵本、マンガやアニメーションといった、従来、国語科の教材としては取り上げにくかった素材を積極的に教材化し、高校生の能動的な学習による単元展開を繰り広げた点だ。[35] 国語教科書や定番教材に頼らずとも、豊かなことばの使い手を育てることは可能だということをこれらの実践は雄弁に語っている。それだけでなく、目の前の学習者の感覚や問題意識とを結合し、能動性や主体性を引き出す学習のためには、常に新しい教材開発が必要になることを示した。

日本でもメディア・リテラシーが注目され始めたこの時期、マンガやアニメなどのサブカルチャーを教材化したり、写真や絵画など、文章以外の素材を国語科教育の教材に積極的に取り入れようとする流れは、その後次第に裾野を広げていくことになる。その流れは、読む対象が広がったということだけでなく、「読解」そのものの意味をも変えていく。

ここで倉澤に戻ろう。読解指導が定着した一九七〇年代に、すでに倉澤は「読むとは何かについて、従来とはちがった広い考え方をよみの指導として考えなおさなければならない」と明確な課題意識を持ち、作品や文章を「読む」だけでなく、それら以外の広汎な対象を「よむ」にまで拡張し、「ヨム」ことの認識機能を表記の違いと対応させながら考えている。[36] 情報化社会が勢いを増していく、その風を読んで、かなり早い段階で「絵、図表、グラフなどもよむ」対象として国語教育に組み込むことを構想していた。しかし、伝統的な国語教材観と密着した読解の構図は、簡単には変わらなかった。「読解」が大きく揺らぎはじめるのは、二一世紀の初頭まで待たなければならない。

注

1　朝日、読売、毎日、日経の新聞データベースで検索すると、「定番教材」の出現は、一九九四年二月十日の朝日新聞夕刊、小森陽一のコメントが初出となる。

2　一九八七年の『月刊国語教育』六八号の特集名「名作教材について考える」。他にも、「『安定教材』の神話」は、一九九三年『日本文学誌要』四八号の清水節治論文タイトル、「安定教材をめぐって」は、一九九六年の『国語教室』五八号の特集名。二〇一三年の『月刊国語教育研究』四八九号の特集名「定番教材の読みの再考」等。

3　朝日新聞は「入試に小説、なぜ出ない?」（二〇一一年十二月六日朝刊）は、近年の大学入試での小説の出題率が三～五%と激減していることを報じている。

4　https://www.mext.go.jp/a_menu/shotou/kyoukasho/gaiyou/04060901.htm
文部科学省ホームページ「教科書制度の概要」より（最終アクセス二〇二〇年十月十六日）。

5　時事通信社の『内外教育』は一九八二（昭和五七）年以来、教科書採択動向を掲載しているが、一九九一（平成三）年度使用版採択結果を伝える誌面上（№四一九二）、生徒減少期に突入したことを強調している。以降、毎年生徒減による市場の縮小に対する教科書会社の動向及び採択結果を報道している。

6　ハルオ・シラネ他編著『創造された古典――カノン形成・国民国家・日本文学――』（新曜社、一九九九年四月）では高校国語教科書における古典教材について、次のような指摘がある。
「今日、平安期のテクスト、とくに『竹取物語』『枕草子』『伊勢物語』および『源氏物語』は、高校の国語カリキュラムの核心をなしており、それに多数の中世のテクストが続いている。江戸期のテクストには、一般的にいって、ごくわずかの関心しか払われていない。このような平安期への転換が起こったのは、平安期の文法が文語文法の歴史的基礎だと考えられたためである。」四三〇頁

7　国語教科書における古文教材の選択と配列に関して、「更級日記」の教材化が「源氏物語」の学習意義と動

機付けに基づき採録され、教科書間の同質性を拡大してく過程を明らかにした研究もある（下西美穂「戦後教科書における『更級日記』教材の扱いの変遷」『国語教育史研究』No.20、国語教育史学会、二〇二〇年三月）。

8 後藤香奈絵「高等学校における文学教育の研究――小説教材『羅生門』とその授業を中心に――」（『弘前大学国語国文学』第二六号、二〇〇五年三月）参照。

9 蓼沼正美（「いま、『国語』の教室を『読む』」『日本文学』一九九一年二月）や、丹藤博文（「『羅生門』（芥川龍之介）の授業実践史――『羅生門』の行方は誰も知らない――」『文学の授業づくりハンドブック 第4巻』溪水社、二〇一〇年三月）にも同様の指摘がある。

10 一方で、二〇〇〇年以降の授業実践の中には、従来の読み方を相対化する批評的な読み方を志向する意欲的な実践も散見される。例えば、松本誠司「読むことの対話的交流を目指す授業――芥川龍之介『羅生門』による学習者の読みの交流――」（『国語教育研究』第四七号、広島大学国語教育学会、二〇〇六年三月）。

11 平岡敏夫「雨の夜の異空間」（『国語教育評論』第4号、明治図書出版、一九八五年七月）

12 「『羅生門』の指導をめぐって」（『愛媛国文研究』第五一号、二〇〇一年十二月）

13 三枝康高『文学の読解』（くろしお出版、一九六五年一月）。同様の提起は、続く著書の三枝康高『文学教材の構造をつかむ読解』（明治図書、一九六六年二月）でも反復されている。

14 「文学教育と道徳」（『日本文学』三七巻七号、日本文学協会、一九八八年七月）座談会の出席者は、久保早苗、須貝千里、松原正義、伊豆利彦、府川源一郎（司会）。

15 注14に同じ

16 こうした問題点が国語教育だけでなく近代文学研究からも相次いで指摘されるようなったのは、登場人物の気持ち・心情を中心とした読解指導が教室の日常的な光景として定着した一九八〇年代以降のこと。前出の日文協座談会の他、明治図書の雑誌『教育科学 国語教育』（一九八六）は、「なぜ文学の読みが徳目主義になるのか」の特集（No.三六六）等がある。その後、近代文学研究の側から石原千秋（「国語教科書の修辞学」『岩波講座文学6虚構の愉しみ』岩波書店、二〇〇三年十二月）等により、明確に国語教科書教材の「隠れた道徳教育」という指摘が相次いでなされるようになる。

17 詳しくは、幸田国広「国語教科書における戦争平和教材の位相――概念の生成から任意性の湧出まで――」（『国語教育史研究』第十七号、国語教育史学会、二〇一七年三月）参照。

18 加藤典洋『言語表現法講義』（岩波書店、一九九六年一〇月）

19 宮川健郎『国語教育と現代児童文学のあいだ』（日本書籍、一九九三年四月）二九頁

20 大槻和夫「文学教育と平和教育」（『平和教育』№一六、明治図書、一九八三年　月）

21 藤森裕治「小学校国語教科書におけるキツネの形象に関する民俗文化論的考察――なぜキツネが教科書に最も多く出現するのか――」（『読書科学』第五二巻第二号、二〇〇九年四月）

22 教科書研究センター『小学校国語教科書データベース　その構造と二、三の検索例による考察』（一九九一年三月）

23 詳しくは、幸田国広「戦後小学校国語教科書におけるキツネ表象の変遷――高度経済成長と言語文化の深層――」（『国語教育史研究』第一四号、国語教育史学会、二〇一三年三月）参照。

24 注23に同じ

25 国定Ⅰ期からⅤ期までのイソップ寓話由来のものに、「サカナヲクハエタイヌ」（Ⅰ）「ニハトリトツヨキトリ」（Ⅰ）「イヌノヨクバリ」（Ⅱ）「胃と身体」（Ⅱ）「ツルトキツネ」（Ⅱ）「トラトキツネ」（Ⅱ修正）「日と風」（Ⅲ）「熊のささやき」（Ⅲ）「蛙」（Ⅳ、Ⅴ）「ウサギトカメ」（Ⅳ、Ⅴ）等が採録されていた。他にも修身や唱歌の教科書には「兎と亀」や「狼が来た、とうそをつく子供」等がある。

26 内山節『日本人はなぜキツネにだまされなくなったのか』（講談社現代新書、二〇〇七年一一月）

27 府川源一郎『「ごんぎつね」をめぐる謎――子ども・文学・教科書――』（教育出版、二〇〇〇年六月）

28 各社の挿絵におけるごんの描き方が示唆的である。画家の表現スタイルや絵画タッチは教科書ごとに様々だ

が、ある共通点に気付く。それは両手（前足）でクリや鰯を届けようとするごんの様子を描いた挿絵を必ず配置している点だ。どの挿絵も概ね野生動物としてのキツネらしさを残しており、擬人化の度合いはむしろ抑制的だ。デフォルメされていてもそれなりに野生のキツネらしく描かれている。しかし、兵十への「つぐない」が最もよく表れている、クリや鰯を運ぼうとするごんの所作は、野生のままのキツネでは描けないものだ。

29　倉澤栄吉「国語単元学習の思想」（日本国語教育学会編『国語単元学習の新展開Ⅰ理論編』東洋館出版社、一九九二年八月）十六頁

30　田近洵一「単元学習の構成」（日本国語教育学会編『国語単元学習の新展開Ⅰ理論編』東洋館出版社、一九九二年八月）五五〜五六頁

31　大槻和夫「国語の学力と単元学習」（日本国語教育学会編『国語単元学習の新展開Ⅰ理論編』東洋館出版社、一九九二年八月）三七頁

32　安彦忠彦『新学力観と基礎学力――何が問われているか』（明治図書、一九九六年八月）三一頁

33　注28に同じ、五九頁

34　加藤宏文『高等学校　私の国語教室――主題単元学習の構築――』（右文書院、一九八八年六月）一頁

35　町田守弘「サブカルチャーと国語教育――教材・授業のパラダイム転換を」（『日本文学』日本文学協会、一九九八年、十一月）や「漫画を用いた授業の戦略――ストーリー漫画教材化の試み」（『月刊国語教育』東京法令、二〇〇〇年二月）、遠藤瑛子「総合単元『絵本――ことばをみつける』で、想像力・創作力を育てる」（『全国大学国語教育学会国語科教育研究：大会研究発表要旨集』九七、全国大学国語教育学会、一九九九年）、や「中学校動画リテラシー教育の実践：総合単元「もうひとつの世界――「千と千尋の神隠し」の扉を開く」（第一学年）」（『全国大学国語教育学会国語科教育研究：大会研究発表要旨集』一〇四、全国大学国語教育学会、二〇〇三）等。

36　倉澤栄吉「教育における読み」（『教育学研究全集12　情報化社会とよむことの教育』第一法規出版、一九七六年一月）六頁

第六章　国語教育はどのように変化を迫られたか

——知識基盤社会の中で——

(1)「読解力」概念のゆらぎ

PISA襲来

二〇〇〇年代に入ると、「読解力」概念の問い直しが始まる。きっかけはOECD(Organisation for Economic Co-operation and Development)によるPISA(Programme for International Student Assessment)の「読解力」調査である。この国際的学力調査は二〇〇〇年に開始され、三年ごとに各国の十五歳の生徒を対象に実施されている。いわゆる「PISAショック」は、二〇〇三年の調査結果において、日本の順位下降をマスコミが大々的に報道したことに始まる。[1] 時あたかも「ゆとり教育」批判の大合唱の最中、学力低下の危惧が声高に叫ばれていただけに、この国際的な学力調査の順位下降は人々の耳目を集めた。

狭義の「ゆとり」カリキュラムと称される「平成十・十一年版」学習指導要領改訂(一九九八・九九年)は、学校完全五日制への対応を念頭に、それまでの「詰め込み教育」や知識偏重、暗記中心の授業への反省から学習者の能動的な学習へと転換していく意図をもって構想された。学習内容の三割削減や授業時数の削減等の是非が論じられるとともに、そもそも「学力」とは何かという本質論についても多方面からの議論がわき起こった。特に、「ゆとり教育」の象徴ともいわれる「総合的な学習の時間」新設をめぐっては反対の声が強く、ＰＩＳＡの「読解力」順位低下は批判の波に掉さす出来事に映った。そのため当初は、漢字の書き取りや百ます計算に代表されるような「基礎・基本」の徹底や「総合的な学習の時間」を撤回して、国語や算数などの「基礎教科」にその分の時数を振り分けること等が主張されていた。

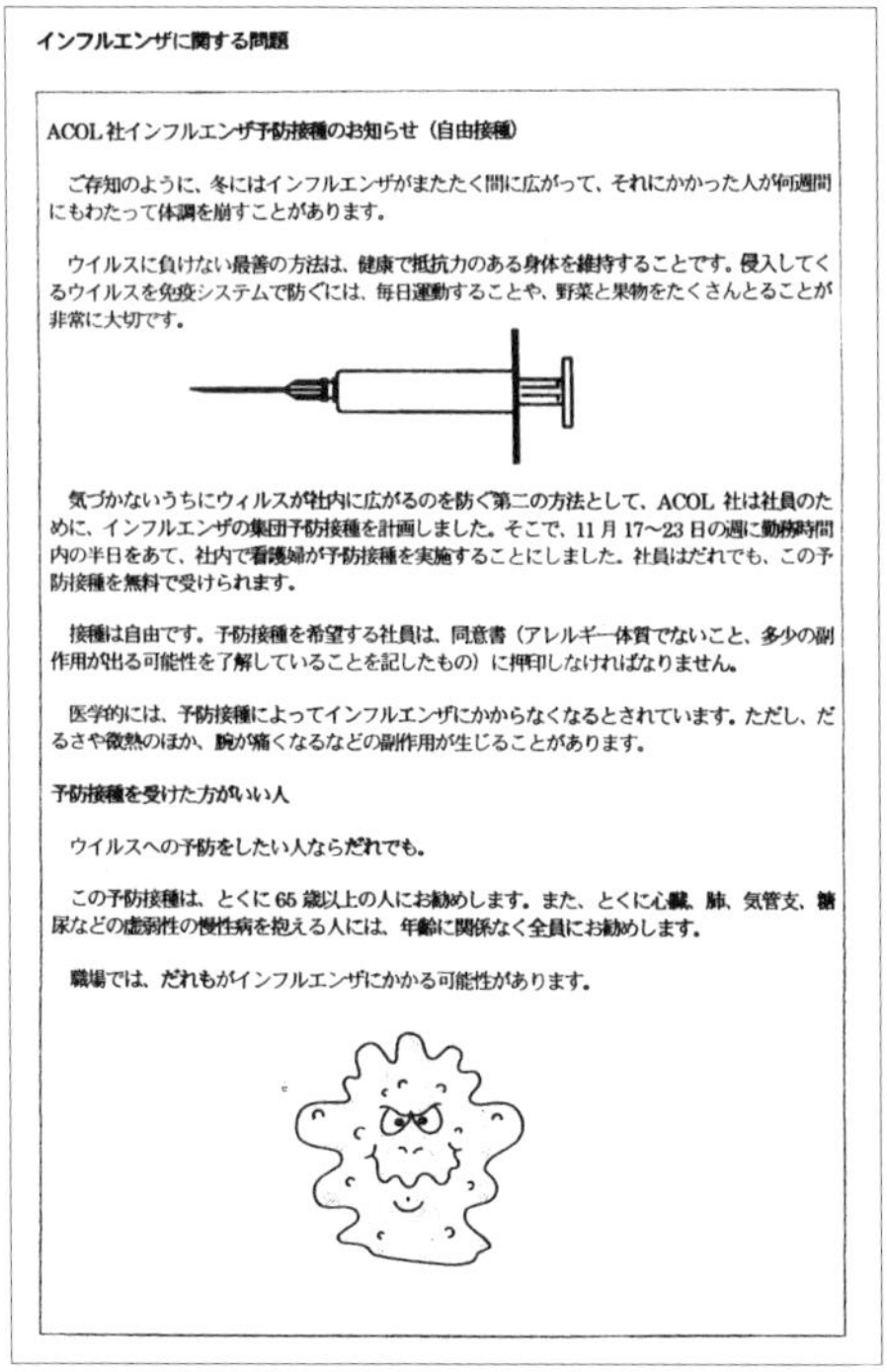

インフルエンザに関する問題

ACOL社インフルエンザ予防接種のお知らせ（自由接種）

　ご存知のように、冬にはインフルエンザがまたたく間に広がって、それにかかった人が何週間にもわたって体調を崩すことがあります。

　ウイルスに負けない最善の方法は、健康で抵抗力のある身体を維持することです。侵入してくるウイルスを免疫システムで防ぐには、毎日運動することや、野菜と果物をたくさんとることが非常に大切です。

　気づかないうちにウィルスが社内に広がるのを防ぐ第二の方法として、ACOL社は社員のために、インフルエンザの集団予防接種を計画しました。そこで、11月17〜23日の週に勤務時間内の半日をあて、社内で看護婦が予防接種を実施することにしました。社員はだれでも、この予防接種を無料で受けられます。

　接種は自由です。予防接種を希望する社員は、同意書（アレルギー体質でないこと、多少の副作用が出る可能性を了解していることを記したもの）に押印しなければなりません。

　医学的には、予防接種によってインフルエンザにかからなくなるとされています。ただし、だるさや微熱のほか、腕が痛くなるなどの副作用が生じることがあります。

予防接種を受けた方がいい人

　ウイルスへの予防をしたい人ならだれでも。

　この予防接種は、とくに65歳以上の人にお勧めします。また、とくに心臓、肺、気管支、糖尿などの虚弱性の慢性病を抱える人には、年齢に関係なく全員にお勧めします。

　職場では、だれもがインフルエンザにかかる可能性があります。

　しかし、その時、多くの人々はＰＩＳＡの「読解力」がどのようなものなのかを知らず、自分たちが経験してきた国語の読解イメージを基に対応策を論じていた。そうした認識がいかにずれたものだったかは、しばらく時間をおいてから判明することになる。

　ＰＩＳＡ二〇〇三の「読解力」調査問題は、上のようなものだった。

こうした通知文を素材にして、「ACOL社の予防接種プログラムについて述べているのは、次のうちどれですか」という選択問題では、日本の正答率も八割以上（85・8％）と良好だった。ところが、次のような自由記述式問題になると、正答率は44・1％と落ち込み、無答率も41・9％に跳ね上がった。[2]

問二　この通知の内容（何を述べているか）について考えてみましょう。そのスタイル（内容を伝える方法）について考えてみましょう。町田さんは、この通知を親しみをこめて誘いかけるスタイルにしたいと考えました。うまくできていると思いますか。通知のレイアウト、文体、イラストどについて詳しく述べながら、そう考えた理由を説明してください。

このような、文章内容の理解だけでなく、レイアウト、文体、イラストといった形式も含めて、読み手の評価や考えを記述させる問題に日本の生徒たちは弱点を抱えていたことがわかった。PISAの「読解力」は「情報の取り出し」「テキストの解釈」「熟考・評価」という読む行為のプロセスに即して問いが設けられているが、特に「熟考・評価」は、それまでの日本の読解指導では十分にフォローできてはいない能力だったのだ。実は、PISA二〇〇三調査の受検者というのは、中学校までのほとんどを「ゆとり」以前の旧カリキュラムで学習してきた生徒たちだった。つまり、二〇〇三年調査の順位低下を「ゆとり」教育の結果と見ることも妥当ではない。

文章等に書かれている情報を正しく理解・解釈するだけでなく、目的に応じて読み取った内容や表現形式に対する自分の考えを自分のことばで表現することが、ＯＥＣＤが求める「読解力」だった。だからこそ、ＰＩＳＡの結果が正確に理解されるまでには時間がかかった。それは、それまでの経験的に知っている読解力とは異なるものであり、知識や技能の「習得」や「基礎・基本」を対置すればすむようなものではなかった。むしろ「総合的な学習の時間」がねらいとする、知識や技能の「活用」力が問われるタイプのものだった。

加えて、ＰＩＳＡでは、物語などの文学的な文章だけでなく、例示したような通知文や雑誌記事等の実用的な文章、また地図や図表といった「非連続型テキスト」と呼ばれるものなど、実社会で活動する上で自然と目にする情報全般を読む対象としていた。ＰＩＳＡの「読解力」は、それまでの「作品」を対象とし、内容理解を中心とした読解だけでなく、実社会の中で必要となる、様々な情報を読む能力として拡張されたものだった。一九七〇年代に倉澤が提起した情報化社会における「よむ」教育の拡張は、このようにして、ようやく喫緊の課題として広く認識されるようになったのである。

端的にいえば、日本のそれまでの読解力を問う入試問題等が、例えば小説や評論を提示して「次の文章を読んで、後の問いに答えよ」といったシンプルなリード文で始まることが多いのに対して、ＰＩＳＡではその文章が読まれる場面や状況が示され、何の目的や必要があってその情報に接するのかということと併せて読み手が考えることになる。つまり、ある文章を読むことが自明視されるのではなく、具体的なコンテクストの中で様々な情報を読み取り、それらをもとに判断したり、考えたりすることをも読解の重要な中味としているということなのだ。[3]

言語活動の充実

その後、文科省は、『読解力向上プログラム』を策定する。[4] 以降、全国学力学習状況調査（二〇〇七年度開始）、「平成二〇・二一年版」学習指導要領改訂（二〇〇八・九年）、授業の改善・教員研修の充実等の施策が展開する。特に、学習指導要領における「言語活動の充実」の大方針は、こうした流れを受けたものだ。「言語活動の充実」とは、国語科だけでなく各教科等、教育活動全般の中で言語活動を通した活用力の育成を進めていこうという方針のことである。新学力観の提起以降、迷走していた学力論も「習得」「活用」「探究」という学習過程と質の違いを踏まえた上で、それらを重層的に捉えることによって、従来の知識量か思考力かといった二項対立的な議論から一歩抜け出すこととなった。時代を遡って考えれば、戦後初期にも繰り返された「経験」か「能力」かという二者択一ではなく、活動を通して能力を育成する、という両者の関係を明確にした点で、PISA調査を契機とした様々な検討は歴史的な意義も大きい。

そうなると、学校教育における国語科の存在意義も改めて問い直されることになってくる。言語活動を通した学習はすべての教科等で行うなら、話し合いをしたり、レポートを書いたり、口頭発表をしたり、といった言語活動は社会科や家庭科等に任せ、国語科はこれまで通り教科書の文章教材の理解を中心に考えればよいのか。無論、そうではない。逆に、他教科等でも言語活動を通した学習指導が自然展開できるように、国語科では「話し合い」の仕方や「レポート」の書き方等の「基礎・基本」が確実に「習得」できるよう、ベースとなる言語そのものに関する知識や表現技能の育成を徹底する必要が出てくる。「言語の教育」として国の教育課程に位置付けられている国語科の役割や責任が、これまで以上に注視されることになったのである。

アクティブ・ラーニングの流行

その後の十年で、小学校では言語活動を通した指導展開はほぼ定着したように見える。かつての、まず場面分けをして展開に即した詳細な心情の読解を教師が主導で指導するスタイルは影を潜め、学習者の話し合いや発表、動作化、書き換えといった言語活動による学習指導が主流となった。例えば「ごんぎつね」でも、ごん日記を書かせて、それを友達と読み合う活動や、ブックトークをして伝え合う活動等、多彩な学習指導が繰り広げられてきている。少し遅れて、中学校、高等学校では、アクティブ・ラーニングの流行とともに、言語活動が活性化する。

しかし、文学の授業ではこうした言語活動だけがひとり歩きし、手段であるはずの活動が自己目的化され、「その言語活動がどのような〈読み〉を生み出したのかは問題とされない」といった課題も指摘されるようになった。[5] 手段であるはずの活動にばかり腐心し、結局何が学ばれたのか、どんな力が身に付いたのかがわからないような実践も少なくなく、「文学教材を扱いながら活動させているだけで、子どもの文学体験がないがしろにされている」。[6]これでは、何のために文学を扱うのかわからない。

こうした混乱状況の出現は、国語の授業が「教材を教える」ことから、言語活動を通した言語能力育成への重点の移行によるものなのだろう。単元づくりがうまくいかない実態について吉田裕久は、教育の本来的な構造は「まず学習者ありき、そして目標（学力）ありき」であるはずが、実際の国語の授業は「初めに教科書（教材）ありきの授業になっている」と根本原因を指摘し、『付けなければならない力でありながら、まだ付いていない力』の発見」から学習指導構想は始まるべきだという。[7]単元づくりには、どんな力を付けるかという目標と、そのために最適な教材と言語活動とのマッチングを意識した単元デザインが重要になってくる。大村はまは、こうした点で優れたセンスの持ち主だった。

ところが、実際の教室では「言語活動ありき」や「教材ありき」での思いつきに近い発想で試みられている授業実践も残念ながら少なくない。アクティブ・ラーニングという用語がひとり歩きしたときも、教室の学びの質を変えた優れた実践事例が現れた一方で、活動や方法、授業の型だけが上滑りしている実践も見られた。[8]そもそもアクティブ・ラーニングとは、「教員による一方的な講義形式とは異なり学修者の能動的な学修への参加を取り入れた教授・学修の総称」（「新たな未来を築くための大学教育の質的転換に向けて」中教審答申、二〇一二年）として、講義一辺倒の大学教育をどう改善するかという趣旨で提起されたものだった。その流れが、教育課程改訂の議論と交差し、小学校から中学・高等学校まで浸透していった。授業の型や特別な方法のように受け取られるケースも多く、流行と批判とが混在しながら大きな話題となったが、その後、二〇一六年の中教審答申で「主体的・対話的で深い学び」という不断の授業改善の視点として位置付けられた。

国語科学習デザインを研究する松本修は、活動だけが上滑りしている状況を踏まえ、文学の読みの交流は話し合いの技能や方法ではなく、「あくまでも学習過程そのものの問題」だとして、そこが勘違いされていると「無意味な交流活動が蔓延しかねない」と警鐘を鳴らす。[9] その上で、「〈問い〉がテクストのどのような側面をとりあげるか」「その話のどこが面白いのか、どこが重要なのかにかかわる〈問い〉」「他の読者がどうそのテクストを読んだのかがわかるもの」等を、読みの交流を促す〈問い〉の要件として明らかにした。文学を文学として読むためにも、交流活動を意義あるものにするためにも、「問い」の吟味と構造化は不可欠だろう。

RSTの衝撃

PISAの読解力が日本の国語教育へ大きな変化を迫る一つの契機となったのは間違いない。それまでの「正しい理解」に集中していた読解を、「熟考・評価」という読み手の考えの形成にまで広げ、思考力や表現力とも結びつくコンピテンシーへと向かう指針となったのは、やはり、PISAだった。二〇〇〇年代を通じて試行やチャレンジが繰り返され、その後、PISAの読解力も結果だけ見るならばV字回復を果たす。課題はやはり「熟考・評価」だ、いよいよ従来の慣習的な国語科像の再構築に着手しなければならないと共通認識が広まってきたとき、追い打ちをかける事態が待ちうけていた。

それは、中学生・高校生の多くが教科書レベルの簡単な文章も正確には読めていない、という衝撃の報告だった。東大合格を目指す人工知能（ＡＩ）、東ロボ君の生みの親である新井紀子によるリーディングスキルテスト（ＲＳＴ）の結果報告である。

近い将来、多くの仕事がＡＩに取って代わられるといわれている。そうなると読解力のない人は失業するしかない。そんな危機意識から、新井はＲＳＴを開発し、社会科や理科の教科書や新聞記事の記述を素材にして、正しく理解できているかを「係り受け」「照応」「同義文判定」「推論」「イメージ同定」「具体例同定」という六つの分野から測定した。[10]

ＲＳＴは、特に難解な語句が使われていたり、複雑な構文だったりするわけではない。教科書の記述なのだから、誰でも読めて理解できることが前提だ。国語教科書の評論教材のように、読解することと自体に骨が折れるようなものではない。にもかかわらず、中学生や高校生は思った以上に正解できていなかった。問題によっては、三分の一から半分以上が誤答を選んでいた問題もあったという。[11]こうした基礎的な読解力が身についていないまま高校生が大学に入学し、社会に出ている現実に新井は警鐘を鳴らす。

新井のいう「読解力」は、これまでの日本の読解力と同じだろうか。「正しい理解」という点では同じだろう。しかし、これまでの読解力は、文章の大意や要旨の把握、あるいは文脈や行間の解釈を経た主題把握に向かっていた。つまり、作品や文章全体を対象とした「正しい理解」である。一方、ＲＳＴは、文章を構成する文や細部の理解の「正しさ」だ。こうしたことは、これまでの読解指導ではある意味で当たり前のように思われ、文法学習を除いては丁寧に扱ってこなかった。ＲＳＴは従来の読解指導の虚を突く形で、読解における細密化の焦点を照らし出した。

大意・要旨の把握や主題理解といったゴールの「正しさ」へ導くために、段落の構成や場面の展開を捉え、その過程で難解な語句の意味や重要な表現についての解説を施し、それらを学習者が理解していく。そして、定期考査でその理解度を確かめる。変わるのは教材だけで、そうしたサイクルを年間を通して繰り返す。これで本当に読解力は身につくのか。ＰＩＳＡ調査やＲＳＴの結果は、自明のように思われていた「読解力」を大きく揺るがすインパクトをもっていた。

読むことの授業について抜本的な見直しが必要ではないかという危惧は、それまでも現場の声として聞こえてこなかったわけではない。

論理の飛躍と曖昧さに加えて難解な観念的言語をちりばめた文章をありがたがる、日本の知識人の性癖は、そのまま、評論教材の採択の基本姿勢にかさなり、入試問題をつくる大学教授と教育現場の教師の文学趣味に重なる。しかし、そこで想定されている高校生像は、教科書編集者や教師自身の高校時代が投影された、インテリの卵としての「永遠の高校生像」であり、有名受験校の高校生とはほぼ合致したとしても、現実の高校生の過半とはズレがある。[12]

大学入試問題に出題される現代文が小説よりも評論に比重が置かれるに伴い、教科書にも評論が多く掲載されるようになっていった。[13] 入試問題でも教科書でも、評論には「論理の飛躍と曖昧さ」や「難解な観念的言語」がほどよくあることが必要だ。論理展開に隙間無く、論証の道筋が明確な研究論文や、誰が読んでもひっかかりなく理解されるように書かれている説明文等は、大学入試問題や教科書の評論文としては向かない。問うことや教えることがなくなってしまうからだ。一回読めばわかるような文章は、読解の授業では扱われてこなかった。「教材を教える」ためには、当然のことながら教材文自体がとても重要になる。しかし、その「教材を教える」ことに時間を費やし、わかりやすく「正しい理解」に導いていくのが国語の授業のスタンダードになっていたとすれば、学習者の読解力そのものはブラックボックスだったともいえよう。

（2）社会からの期待

大人の国語力

世紀の変わり目、空前の日本語・国語力ブームが訪れた。一九九九年に刊行された大野晋の『日本語練習帳』を皮切りに、齋藤孝の『声に出して読みたい日本語』（二〇〇一）『理想の国語教科書』（二〇〇二）、柴田武の『その日本語、通じていますか？』（二〇〇二）『常識として知っておきたい日本語』（二〇〇二）等、書店に行けば店頭にこうした日本語関係本が平積みされてる光景は今も目に焼き付いている。

「失われた十年」といわれたバブル経済崩壊後の日本社会は、停滞感や不安定感に包まれていた。就職氷河期やデフレ経済の底で人々はみな喘いでいるようだった。その閉塞感は、戦後日本が信じてきた、がんばって勉強していい学校に入ればいい会社に就職できて給料も上がり続け、終身雇用の安定した暮らしが手に入る、といった鉄板のストーリーをもあっけなく瓦解させてしまった。

日本語ブームを牽引した書籍の多くは、有名な文学作品や古典の一節などを引用・提示したもので、その中にはかつて国語教科書で読んだ懐かしい文章も多く含まれていた。それらの書籍の帯やセールストークには、大人になってあらためて見直すと日本語の価値は新鮮に感じられ、そこから日本という国に脈々と流れている大切な文化的価値を再発見させられるといったメッセージに溢れていた。将来が不透明で停滞感に包まれていた日本社会を生きるための確かな資本として、あらためて日本語・国語にスポットが当てられたようだった。

一方で、同じ頃、書店ににわかに目立ち始めたのは、また別の種類の日本語・国語関連本だった。ビジネスパーソンをはじめとした社会人向けの「わかりやすいスピーチ・プレゼンの仕方」や「説得力のある文章作成法」といったマニュアル本やスキルブックだ。実社会から求められる日本語表現力は、国際化や情報化が急速に進み始めた日本社会にとって広く関心を集めていた。もちろん、こうした表現力は、社会人となってからはじめて学ぶものではない。小学校から高校までの十二年間、国語という教科の中で本来はそれなりに身に付けるべき技術や能力のはずだ。これらの本に紹介されているスキルの基本は、どの時期の学習指導要領でも指導事項に位置付けられている。しかし、それでも表現力に関する指導の不振は繰り返し指摘され続けてきた。

特に、高等学校では、表現領域に関する指導の不振が継続的に指摘されてきたが、指導の食指はなかなか伸びなかった。その当時、都立高校の国語教師だった中村敦雄は、教科書における表現領域の扱われ方を料理に添えられたパセリに喩えて、次のように批判している。

わたしには、高校の国語Ⅰ・Ⅱ教科書の表現教材も、このパセリ同様の扱いを受けているように思える。せっかく教材をつくって教科書に載せても、授業では素通り。これでは、表現教材をつくる側としても張り合いがなく、意欲も減退しがちなのかもしれない。

そのうえ、多くの教科書では、ページ数も最小限でおさえられているように思える。紙幅が不足すれば、内容を充実させるのもむずかしいのは当然。結果、『羅生門』などの教師が教え慣れた定番教材に添えられたパセリに甘んじることになってしまう。[14]

こうした傾向は、高校国語科の領域構成が表現と理解から、「話すこと・聞くこと」「書くこと」「読むこと」の三領域へと改められた「国語総合」の時代になっても大きくは変わっていない。「国語総合」の「総合」とは、この三領域と言語事項との「総合」のはずが、教科書では、依然として「現代文編」「古文・漢文編」に分けられ、「話すこと・聞くこと」「書くこと」を直接的な対象とする教材は、相変わらずパセリか付録のような扱いが続くことになる。

高大接続の課題

二〇〇四年には大学進学率も五〇%を超えて高等教育のユニバーサル化が浸透する。大学入学者も多様化し、学力不足の入学生の存在も多くの大学で指摘されるようになる。せっかく大学を出ても、幼稚な日本語の使い手では困る、コミュニケーション力や文章表現力は社会に出る前にどうにかしてほしい、あちこちからそんな要求が大学にも突きつけられるようになった。
すると、大学ではリメディアル教育（補習教育）や初年次教育に力を入れなければならなくなった。高等教育機関としての質保証を求められた大学は、研究よりも教育にそれまで以上の時間と労力を投入し、カリキュラムや指導体制をよりきめ細かくすることで、大学生を一から教育し直すほかなかった。

基礎演習や入門ゼミ等、大学一年次に行う初年次教育で多く行われているのは、文献検索の仕方、口頭発表の仕方、レポート・論文の書き方等のアカデミックスキルの基本だ[15]。大学での学問を自分自身で進められるように、大学教師が手ほどきする。だが、こうしたことも、やはり高校までの国語教育でそれなりに身に付けておくはずのものだ。そんな指摘が相次いだ[16]。

大学での初年次教育の実態や高校国語で〈学ばれていること／学ばれていないこと〉を調査・研究している島田康行は、高大接続の問題点を次のように指摘する。

　高校の「国語」の授業において、まとまった分量の文章を書く学習の機会がきわめて乏しいまま大学に進学する学生が少なからず存在している。彼らは「書くことよりセンター試験で点を取れるような学習をした」「文章表現の学習はまったくしなかった。基本的に大学入試の勉強をしていた」と述べて憚るところがない。「推薦入試を受けなかったので文章表現の学習はしていない」「進学校であったし、小論文が入試科目になかったのでほとんど書かなかった」

といった記述からは、「国語」の授業における文章表現の扱われ方が容易に推察される。[17]

高校国語の実態が、本来準拠すべき教育課程よりも大学入試に準拠しながら行われており、その結果、入試で問われない国語力は十分な学習がなされずに大学生になっているという現実は、その後も大きくは変わっていない。

大学は質保証を求められて対応せざるを得なくなった。しかし、本来は高校までの学校教育で確実に行うべき国語力が先送りにされ、大学で通り一遍の学修を積んだとしても、社会人として十分な能力が身につくだろうか。また、専門的な学問と対峙し、高等教育としての専門性を身に付けるはずの大学が、いつしか義務教育レベルの補習機関や職業訓練校のような実態に陥っているとすれば、学校教育は実社会までの道のりを見とおした、抜本的な見直しが必要ではないか。二〇〇〇年代を通してそんな機運が醸成されていくのだった。

言語と文学、再び

二〇〇三年にOECDはキー・コンピテンシー（key competencies）を策定した。これは、国際教育指標事業の中で立ち上げられたDeSeCo（Definition and Selection of Competencies:Theoretical and Conceptual Foundations）プロジェクトで検討されたものだ。グローバルな規模で進行する様々な社会課題に対応できる人的資本の開発を目的として、国際的に合意された枠組みである。このキー・コンピテンシーは、①「相互作用的に道具を用いる力」②「異質な集団で交流する力」③「自律的に活動する力」の三つの力から構成されており、具体的な状況の中でこれらの三つの力が相互に影響し合いながら働くものとして考えられている。[18]

キー・コンピテンシーは、世界の教育の軸が、リテラシー（基礎的な読み書き）からコンピテンシー（資質・能力）へと移動する起点となり、この波はPISA調査等と相まって日本にも急速に広がっていった。例えば、内閣府の「人間力」（二〇〇五）、経済産業省の「社会人基礎力」（二〇〇六）、文科省の「学士力」（二〇〇八）や「生きる力」等、二〇〇〇年代を通じてこれからの社会を担う上で求められるコンピテンシーが次々と定義付けられていった。各省庁が「〇〇力」という言い方で端的に言い表そうとした身に付けるべき資質・能力に共通するのは、コミュニケーション力や論理的思考力といった国語教育と関係の深いものだ。

その頃、文化庁も「これからの時代に求められる国語力について」（文化審議会答申、二〇〇四）を公表する。これは、文科大臣からの諮問を受け「まず国語の重要性について再確認し、その上で、これからの時代に求められる国語力とは何か、また、そのような国語力を身に付けるための方策」について、二年間を費やして審議され、まとめられたものだ。この答申の中で、国語は「知的活動の基盤を成す」「感性・情緒の基盤を成す」「コミュニケーション能力の基盤を成す」という三つの観点からそれらの力の重要性が整理された。注目すべきは、これからの国語教育のあり方に関する次のような提言である。

国語科教育の大きな目標の一つは、情緒力と論理的思考力の育成にある。（中略）「国語教育における重点の置き方」を踏まえて、この情緒力と論理的思考力をこれまで以上に確実に育成することが望まれる。

そのためには、国語科の授業時間を増やすとともに、「文学」（あるいは「読書」）では読みを深める、「言語」では「書く」と「聞く・話す」を取り上げるというように、教科内容を情緒力の育成を中心とした「文学」と論理的思考力などの国語の運用能力の育成を中心とした「言語」という二分野に整理していくことも考えられる。[19]

国語科を「文学」と「言語」に分ける。この発想はいつかどこかで見たことがあるものだ。本書が辿ってきたとおり、戦後の文学科独立論や、文学教育と言語教育をめぐる論争、分冊教科書等、言語を扱う国語科はいったいどのような教科なのかが議論されるたびに浮上する発想だといっていいだろう。国語科を「文学」とそれ以外に分けようという主張は、読解指導が行き渡る一九七〇年代以降はあまり聞かれなくなっていたので、ある意味で懐かしい提言ともいえる。

この「文学」と「言語」は、もちろん教材や文章の枠組みではない。資質・能力としてのコミュニケーションや論理的思考が強調される一方で、従来重きが置かれ、そして折からの日本語ブームによってあらためて注目された文学や古典を尊重するためにも、両者を扱う国語科は二つ分けて整理した方が良い。そのことによって、それぞれの目標に沿った学習の純度を高めることができるという発想だ。ともすると「何を学んだかよくわからない」と言われがちな国語科の教科内容を大きく二系統化し、双方で育てる国語力を明確にすることで、「これからの時代」の国語科教育に求められる役割をはっきりさせようという提言だった。

文学を取り巻く状況

確かに「文学」と「言語」と聞けば、戦後初期の議論や、分冊教科書のことなどが想起される。しかし、この提起は、かつての二分化論とまったく同じというわけではないだろう。二章や三章で述べたとおり、文学鑑賞による人間形成論や文学科独立が叫ばれた時代は、日本社会全体で文学が輝き、社会的価値付けが高かった。ところが、この文化審答申の出された二〇〇〇年代は事情が異なる。

メディアの発達や多様化、サブカルチャーへの評価や価値意識の変化、活字文化全体の衰退、様々な背景から文学の価値は相対化されてきた。かつて小説や詩に求められていた教養や娯楽、あるいは思想性が、映画やマンガ、アニメ等にも代替されるようになり、活字の文学だけに特権的な価値が与えられる時代ではなくなってしまった。だからこそ、その反動で、この時期に「美しく正しい日本語」にあらためて光が当てられたともいえるのであり、むかし教科書で読んだ名作や古典に「新鮮な」関心も向けられるようになった。

また、この頃から日本中の大学の文学部、人文系学部も改組・転換が相次ぎ、人間情報学部、国際文化学部といった四文字学部や、キャリア・デザイン学部、グローバル・コミュニケーション学部といったカタカナ学部へと変身を遂げることで、どうにか学生確保のミッションを達成するような状況が続いていった。

そうした文学包囲網ともいうべき雰囲気が立ちこめる中、二〇〇二、三年から実施された「ゆとり」カリキュラム改訂時の議論の際に、「文学的な文章の詳細な読解に偏りがちな指導を改め」という教課審「中間まとめ」の文言をめぐって、「新学習指導要領は文学を軽視している」等といった批判が多く寄せられた[20]。スピードや効率が求められ、情報化が進展する日本社会の雰囲気からすれば、その一文は刺激的に映った。

これに対し、当時の文科省教科調査官だった田中孝一は「これは、まったくの誤解と言うほかない」「文学的な文章が追放されることも軽視されることもありえない」として、改訂のねらいを次のように述べた。

> 国語科にとって、優れた文学作品を学習の素材として扱うことが大切であることは多言を要しない。答申が求めているのは、従来のように、国語の授業時数の過半を文学的な文章の読解に割いたり、一文学的な文章の指導に何十時間もかけて、心情追究にこだわるような授業を繰り返したりするようなことはやめてほしいということである。すなわち、文学的な文章について、教材選定と指導の在り方に対して注文をしているものである。その意味では、文学的な文

章を含めた読むことの指導の改善が、これからの国語科にとってきわめて大きい課題であるとも言える。[21]

田中が強調するのは、教材ではなく指導のあり方だ。文学的な文章の読解指導がややもすると登場人物の心情の読み取りに終始してしまい、「読むこと」の学習指導が狭隘な一面に偏っている現状を批判している。田中からすれば、心情の読み取りばかりに集中する指導のあり方こそが、結果的に文学を貶めることになると言いたいのだろう。

また、田中の前に教科調査官を務めていた大平浩哉も、改訂によって「読解、鑑賞、主題」の語が消えたことを評価し、「一教材に何時間もかけて精密な読解を行い、学習者の読みを無視して教師の読みや指導書の解釈を押しつけ、一つの主題にたどり着かせておしまいといった『閉じられた読み』から解放して、多様な読みの可能性も視野に入れた読みの指導への転換」こそが課題であり、改訂の方向性は画期的だと評価する。[22]

世紀の変わり目にあっては、文科省や学習指導要領関係者が、多くの教室で展開している読解指導の問題点を指摘し、それまでの指導の在り方を改めて「学習者の読み」や「多様な読み」などの授業改善の方向性を主張するようになっていた。一九九〇年代を通じて、読者論やテクスト論など文学研究の影響が国語教育にも浸透し、少なくとも理念や観念のレベルでは、文学の読みは多様であるという前提が広く共有されるようになっていたことも大きいだろう。[23]

学習者は文学の授業をどう思っているか

一方では、また「文学的な文章の詳細な読解に偏りがちな指導を改め」という文言のインパクトは強く、この改訂を受けて作成された高等学校用国語教科書の発行時には、雑誌『文学界』(二〇〇二年五月号)が「漱石・鷗外の消えた『国語』教科書」と題した特集を組み、文学者等へのアンケートも掲載した。マスコミも一斉に「ゆとり」教育による文学リストラへの危機感を発信し、新学習指導要領批判を展開した。

ところが、もちろん漱石・鷗外が消えることはなかった。文芸評論家の清水良典は、高校国語教科書では学年ごとに漱石の「こころ」(二年生)や鷗外の「舞姫」(三年生)が定着しており、危惧されている一年生用「国語総合」にはそもそも漱石・鷗外作品はほとんど掲載がないこと、大学入試に頻出する筆者の評論文が多く掲載されていること、といった近年の傾向を説き、「むしろ現在の国語教科書の問題点は、このような教材の定番化、固定化なのである」と指摘した。[24]

いったい、国語科の中で文学を重視するとはどういうことなのだろうか。それは、単に、文学作品や文章のポテンシャルを語ればすむというものではないだろう。

何より、学習者は文学の授業をどのように思っているのか。その頃実施された「平成十七年度高等学校教育課程実施状況調査」の質問紙調査結果を見てみよう。[25]

まず、近現代小説等の文学の授業については、学習者と教師の認識には大きなギャップがある。教師は六割以上が「生徒は興味を持ちやすい」と思っているが、「好きだった」と回答した生徒は三割弱と倍以上の開きがある。このズレは、教室の文学を考える上で見過ごせないだろう。教師の教材への思いや価値意識のみをもって文学の授業は語れない。学習者は、教室でどんな文学教材を読んでいるのか。そして、それらは教室でどのように扱われているのか。少なくとも、そのズレを自覚的に捉えながら、高校生と文学との幸福な出会いを考える必要があるだろう。

より深刻なのは古典文学だ。「古文は好きだ」「漢文は好きだ」の質問に否定的な解答が七割を超えている。この傾向はその後も大きくは変わっていない。推測されるのは、文法、語釈、現代語訳の繰り返しという固定化した古典の授業のあり方だ。

かつては、高校は義務教育を終えて、さらに学びたい層が進学するところだった。高度経済成長期にそれが変わった。右肩上がりで進学率を上げ、一口に高校と言っても学力は相当な幅をもつようになり、「みんなが行くから行く」ところになった。その頃、高校の国語科は、「現代国語」と「古典」とに分かれた。そのとき、「現代国語」の新設は、言語文化としての相互流通関係を切断し、古典の学習は国語科の特殊な領域に追いやられていくだろうと予言した古典文学研究者もいた。[26] 高度経済成長とともに高校生は増加し、その予言通り、一九六〇年代の半ば頃から高校生の「古典嫌い」が問題視されるようになった。再び総合制に戻った「国語Ｉ」「国語Ⅱ」では、古典から近現代の文章までを同じ枠組みで学習することになったにもかかわらず、時間割を現代文と古典に分けて指導する学校は後を絶たず、その慣習は、後の「国語総合」になっても相変わらず続いた。

山頂を目指すルートは、登山者の経験値や力量、意欲などに応じて多様であっていい。確かに、難関ルートから苦難を乗り越え、ようやくたどり着いた頂上から見える景色は格別だ。だが、時間はかかっても案内板に従って安全なルートでやがて頂上に至る、別のルートも用意されてしかるべきだろう。五合目や七合目で折り返すのもありだ。まずは登山そのものが好きになること、また登ってみたいと思うことが大事になる。古典文学の教育も同じではないだろうか。

「平成二一年版」学習指導要領の改訂で「古典A」〈二単位〉が新設されたのもそうした趣旨からだった。ところが、大学入試との関係から「古文と漢文を読む能力を養う」ための「古典B」〈四単位〉の陰に隠れ、やはり設置率は低いものだった。しかも、「生涯にわたって古典に親しむ態度を育てる」のが「古典A」だったが、実態としては単位数の調整弁として「古典B」と大差なく扱われていたという。[27]学習指導要領の実効性がいかに脆弱か。一方、課題に基づく新たな提起がなされても、結局は「これまで」の枠組みに合うように変形されてしまう慣習性の強度は半端なものではない。

「伝え合う力」とディベート・ブーム

少し時間を戻そう。「平成十・十一年版」学習指導要領改訂（一九九八・九九年）では「伝え合う力」が国語科の目標のキーフレーズに位置付けられ、改訂の基本方針に「言語の教育としての立場を一層重視すること」が掲げられた。高校では「国語表現Ⅰ」が選択必修科目に位置付けられた。これは、話す力、書く力の育成をねらいとして構成された科目である。

そもそも「国語表現」という科目自体は、「昭和五三年版」学習指導要領で、はじめて「表現」に特化した科目として登場した。二十年続いた「国語表現」が、「国語表現Ⅰ」へと脱皮、変貌を遂げたのは、実はその間に「現代語」という科目があったことが大きい。「現代語」は「平成元年版」学習指導要領で登場したが、一期限りで消えてしまった選択科目だ。しかし、そのエッセンスは「国語表現Ⅰ」に取り込まれることになった。

一九九〇年代に入ると、音声言語教育に注目が集まる。それ以前は、「話し方」と呼んでいた分野である。国語教育は伝統的に書き言葉、文字・文章に比重を置いてきており、話し言葉や音声についてては関心が向けられにくかった。新設の「現代語」では、「言語事項」そのものの指導に加えて、言語活動を通した音声言語指導を科目内容の柱とした。そうすることで文章表現中心の「国語表現」とは差別化を図ろうとしたのだ。しかし、「国語表現」でさえ設置率が低いのに、さらなる選択科目として「現代語」なるものを設置しようとする高校はほとんどなかった。しかし、この「現代語」という新科目が提起した音声言語への着目という面では、この時期、さまざまな新しい実践も展開された。その最たるものがディベートだった。

一九八〇年代後半あたりから社会科や英語等を含め、広く学校教育全般でディベート活動が取り入れられていった。国語科でも、音声言語教育の必要性の高まりと相まって、言語活動による学習指導の一形態として、各学校種で様々な実践が試みられた。当時の国語教育関係雑誌でもたびたび特集が組まれ、理論や実践の紹介が行われた。[28]

ディベートを肯定する意見からは、時として「万能主義」のような論調が聞こえてくる。例えば、「ディベートで文学を読む」というような実践報告の中で、ディベートを行えば、文学作品の読み深めも、論理的思考力も、音声言語能力も、コミュニケーション能力も、すべて育成可能といった欲張りな意味付けである。確かに、活動だけ見れば様々なことを行ってはいる。しかし、こうした多岐にわたる能力の育成に効果があると主張する場合、慎重な検証や比較が必要になるし、そもそも一度のディベート活動や一つの単元展開だけでそんなにたくさんの能力向上に効果があるなどいえるのだろうか。

しかし、国語科の授業で特徴的な言語活動をもつ実践が語られるとき、こうした欲張りな意味付けは、ディベートに限らず、しばしばみられることなのだ。ＰＩＳＡ型読解力が流行ったときも、書いたり、話し合いをしたりする活動があるだけで、それぞれの能力育成が達成されるとする論考が溢れた。

結局、ディベートの流行はそう長くは続かなかった。時間の経過とともにそれほど万能な言語活動ではないことや、ねらいやルールをしっかり共有して行わないと副作用も多いことが知られていった。また、その後、国語教科書に見られるコミュニケーション観も少しずつ変化していった。[29]

国語科における「論理」

コミュニケーションとしてディベートを捉えようとすると、児童・生徒の人間関係等、いろいろと難しさや問題点も浮かんでくるし、論争的な対話はコミュニケーションの一側面でしかない。しかし、一つの事象を肯定・否定の両側からしっかりと考える、という論理的思考力を鍛えるための言語活動の一形態と捉えるならば、そこには一定の有効性も認められるだろう。

「論理」や「論理的思考」は、国語教育では長い間、文章の「論理」だった。学習者の思考も、教材文の論理的展開や叙述のつながりを理解することによって育成できると考えられてきた。多くの読解指導論の中でもこうしたことは繰り返し指導の重点とされてきている。そのための教材として、説明文や論説・評論がふさわしいと考えられてきたし、次の引用にもあるとおり、物語や小説でも文章の論理や表現に即して解釈することで論理的思考を鍛えることができると考えられてきた。「感動中心の文学教育」は言葉の力を付けるはずの国語教育からかけ離れているとを批判する、文法学者の永野賢は、次のように国語教育における「論理」を説明している。

誤解を恐れず、〝文章の論理〟と言ったが、言い換えれば〝文脈〟であり〝叙述〟である。論理というものは、何も説明文や論説文にだけあるのではない。いわゆる文学的文章にも論理は内包されているのだ。論理と言うと理屈の意味に取られるかもしれないが、平たく言えば表現の筋道である。[30]

時枝誠記の弟子を自認する永野の考え方は、第一章で触れた、「私は文学教育とは言語教育と区別しないで考えるのでありまして、言語を正しく理解して行くところに自ら文学教育が成就されて行くと考えます」という時枝の主張と重なって見える。評論でも小説でも、文章の叙述を正しく理解し、「客観的」に読むことで論理的思考も身に付くのだという。確かに、こうしたことも「論理」の学習には違いない。文学教材でも、本文の表現を根拠に解釈を深める際などに、論理の枠組みは利用できる。学習者個々の解釈を明確に表したり、交流したりする際に、同じ論理の枠組みを利用できるのは効果的だ。

しかし、そうした学習だけでは「この文章の論理はここが変だ」とか「この書き手の主張は根拠が不足しており成り立たない」といった、論理の妥当性や有効性の検証にはなかなか向かわない。そうした実態に、早くから疑問を抱き、文章の理解・解釈に伴う論理とは異なる「論理」の教育の必要性を主張していた研究者もいた。言語論理教育を唱道した井上尚美だ。

例えばある文章について、それを事実と意見とに分けたり、理由の段落、結論の段落と分けて論旨の展開の筋道をたどっていき、結論を見つけ著者の意図を「理解する」ことは広く行われています。また作文の時間も前提や結論を意識して書くという指導はなされているかもしれません。しかしその多くはその段階で止まっていて論や主張の根拠となっていることがらについて、それがその主張の必然性を裏付けているかどうか、前提と結論の間に論理的必然性があるかどうかというところまであまり議論されていないようです。[31]

井上は、一九七〇年代からトゥールミン・モデルや一般意味論を国語教育に導入しようとしていた。[32] 右の引用のように、国語教育における論理の扱い方が文章の「理解」に止まっており、推論の妥当性や論証の確かさについての判断にまで至っていないことを指摘した。

論証や批判的思考

国語科でも二〇〇〇年前後から注目されたメディア・リテラシーは、言葉や文章もメディアの一つとして相対化する視点をもたらした。情報に向き合う態度として、批判的な受容が大切になるからだ。そうすると、指導の重点も、文章の論理の把握だけではすまなくなってくる。文章の書き手の論理は妥当といえるかといった批判的な読み方や、自分の意見や考え方に誤謬や飛躍はないかといった論証過程の検証等、学習者も自力で自身の論理的思考を確かめられる力が必要になる。

日本におけるメディア・リテラシー教育の実践史を整理した奥泉香は、その特徴を「学習者の感覚器官を通した体験や、書き換え・制作といった発信活動が採り入れられ」た、ワークショップ型の授業へと変化してきたことを挙げ、「国語科の実践は、このようにメディア教育を契機として発信・受信活動の循環デザインという授業の枠組みまで変革しつつある」と整理している。[33] メディア・リテラシー教育は、その性質上、受動的な理解に止まる学習だけではその役割を果たすことは難しい。学習指導のあり方に変化をもたらしたのは必然といえよう。

このように、ディベートやメディア・リテラシーの普及は、その後のコンピテンシーへの世界的潮流と相俟って、国語教育における「論理」を、文章の論理を理解・把握することから、それらを批判的に受け止めたり、自分の頭で考えたりするためのツールへと移行を促しているように見える。

井上の指摘を受け止め発展させるべく、論理教育のための理論的基盤を整理した難波博孝は、形式論理学とは異なる「日常の論理」の教育を、「議論（論証）の論理」「説明の論理」「感化の論理」の三つに区別し、それぞれの特質に合わせた教育が必要になると指摘する。現状では、論証の教育は十分に行われておらず、国語科の内容を拡張して社会科学や自然科学の論証を学ぶ「論理科」のような枠組みが必要だという。[34]

「論証」の基礎を学んだり、学習者の頭の中の論理に焦点を当てた学習指導のためには、教材観の刷新も必要になるだろう。哲学者の野矢茂樹は、「普段着の文章」を教材にする必要があるという。[35] いきなり名文や評論のような文章で学習しようとすると、「泳ぎが苦手な人が海に放り投げられるようなもの」だとして、「まずはプールで、つまり学ぶべきことのポイントが明確で、よけいな要素があまり入っていない文章、実用性の高い文章で、練習しなければならない」という。[36] 論証の精度や妥当性の検証の仕方を基礎から学習しようとするなら、野矢のいうような「よけいな要素があまり入っていない文章」は有効だろう。推論や論証の確かめ方そのものを知らなければ、論理的思考の育成という点ではきわめて曖昧で中途半端な学習となってしまう。

二一世紀の知識基盤社会においては、考えや判断の正しさ、論理の妥当性を吟味・検証できる批判的思考力が求められている。論理の教育もバージョンアップが必要だ。

（3）新たな旅路へ

国語教育一五〇年

国語教育の歴史をめぐる航海もそろそろ終わりに近づいたようだ。

近代国語教育一五〇年の歴史は約七五年ずつの二つに区分できると大胆に国語教育史を切り分けてみせたのは、国語教育の歴史に造詣が深い浜本純逸である。

第一期は一八六四年～太平洋戦争敗戦の一九四五まで。教養主義の時代であった。その前半には、「国語」という語（概念）はなく、藩を超えて全国に「普通する」音声・文字・文章模索した。外国人と出会って識者は第一次外国語ショックを受けた。一九〇三年、上田萬年は「内地雑居後に於ける語学問題」で言文一致の必要性を説いた。

その後、中学校の言葉の教育は、「素読・解釈・批評」または「主題・構想・叙述」の解釈法として定着していった。教養主義の七五年である。（中略）

第二期は、敗戦から二〇二〇年頃まで。生活主義国語教育の時代である。「話しことば教育」と「説明文（論理）教育」を新しく位置づけ、学習者を学びの主体とする単元学習が開拓されていった。相変わらず教養主義的解釈方法も行われていた。[37]

一五〇年に及ぶ近代国語教育の歴史が、ちゅうど二で割った七五年という切りの良い数字で端的に切り分けられている。本書では、浜本のいう「第二期」の七五年を中心に、「言語」と「文学」の国語教育史として、両者の相克と葛藤の一端を描いてきた。

第一章では、西尾実の歴史区分に従って「第一期」についても概観した。「国語」を創ることと同時進行で始まった学校の国語教育は、近代化の歩みとともにその基盤を整え、大正期には、学習者の存在への着眼や読むこと・書くことの原理的な考究、それらを踏まえた教育実践が本格化し、国語教育の質的深化が見られた。第二章から第四章にかけて、文学を読むための用語が「鑑賞」から「読解」へと転換していく様子とともに、文学教材のトレンドの変遷を辿った。戦後民主主義はある意味で大正デモクラシーのリバイバルとして教養主義を強化させ、経験主義においてもその後の能力主義においても、結局は、名文・名作に触れることでその養分を人格に供給するという観念からは自由ではなかった。鑑賞による人間性の陶冶から読解による能力育成へと方向転換が図られた高度経済成長期も、そうした観念は温存されたまま、場面ごとの登場人物の気持ちや心情の変化の読み取りという文学教材の読み方の定型化が進行した。浜本のいう「相変わらず教養主義的解釈方法も行われていた」という指摘はこれに重なる。そして、この流れの中から生まれたのが定番教材だった。

第五章以降では、これまで国語教育史としてはあまり語られてこなかった現代史を辿ってきた。平成に入る頃には、「近代」の問い直しの機運が高まり、その課題を乗り越えるべく、戦後初期に追求された学習者主体の学びに軸を置いた国語教育観が息を吹き返した。また、情報化や国際化が進展する社会全般や他教科等の学びとの関係から「言語の教育」としての役割がますます求められるようになった。

教養主義の超克

七五年の周期からすれば、これから「第三期」に突入する。浜本は先の引用に続けて、次のように展望を述べている。

さて第三期は二〇二〇年頃から始まるであろうと見做す。グローバリズムによる人の移動は、日本語を母語としない子どもたちが各学級に入学してきている。第二次外国語ショックである。共生とコミュニケーションの能力を図りたい。ＩＴの革新は、しなやかなメディアリテラシー能力を求めている。記憶する知識ではなく想像と創造の知を求めている。探究型の教育方法をひらきたい。

これからの国語教育は、文学を読んで自らを高めればよいとする教養主義を超克し、新しい時代を生き抜く言語力を育てることが必要であろう。ついでながら、私は樋口一葉・大岡昇平・大江健三郎・目取真俊の作品を人間認識の教材としたいと考えている。[38]

浜本の長年にわたる仕事には、『戦後国語教育方法論史』や『文学を学ぶ　文学で学ぶ』等、本格的な文学教育論が少なくない。文学教育の値打ちをよく知る研究者が、一五〇年にわたる近代国語教育の課題の焦点に教養主義の超克を据えたことの意味は大きい。もちろん、浜本は文学教材が不要だと言っているのではない。これからの時代の国語科の中で、文学が文学としての力を発揮できる位置付けや扱いを考える必要があるということだろう。

おそらく定番教材と呼ばれているものが今後どうなっていくかは、その試金石となるだろう。小説だけでなく、評論にしても古文や漢文にしても、ただ定番だからという理由だけでその教材の読み取りに終始するだけなら、国語科という教科はますますその存在意義が問われることになるだろう。しかし、例えば、日本文化について深く考えるために、学習者が自ら問いを立て、様々な文章を調べながら読み、多角的に考察するための一つの材料としてなら「水の東西」も悪くないだろう。学習者が「水の東西」で語られる〈日本文化〉を相対化し、批判的に考える力を蓄えることにつながるからだ。

「第三期」を「新しい時代を生き抜く言語力を育てる」ことに主軸に据える浜本の視野には、「共生とコミュニケーション能力」「しなやかなメディア・リテラシー」「想像と創造の知」が入っている。これらは、教材のみならず教育方法や学習評価についても、「これまで」の慣習から自由にならないと十分な実を挙げることは難しい。何よりも「当たり前を見直す」柔軟さと勇気が求められる。[39]

「第三期」の国語教育はどうなるのだろうか。そして、文学の教育はどう位置付けられるのだろうか。これからの時代や社会の変化を見据え、「当たり前を見直す」動きは、国語教育研究者、教育行政、学校現場等、様々な場ですでに試みられている。

批評性と創造性

小学校の中学年あたりから始められるとされるリテラチャー・サークルは、自ら文学を選び、手に取り、読んで語り合う子どもたちを育てる教育方法だ。ブック・クラブやリーディング・ワークショップ等、近年こうした読書教育が注目されている。『本を読んで語り合う　リテラチャー・サークル実践入門』の訳者であり、「自立した読者」の育成を目指して、国際的な視野から読解方略の研究を進めてきた山元隆春は、こうした学習は「従来の狭義の『読解』指導を乗り越えることを目指したもの」だという。[40] 教師は作品の解釈を教えるのではなく、学習者個々の関心や経験からの理解の仕方や学びの手助けをする。文学の教育は、まずはこうした読書への広がりまでを視野に入れたものを構想すべきだろう。戦後、一貫して倉澤栄吉が描いていた読解指導は、言語生活の土台に学習者の読書活動を位置付けていく裾野の広がりを持ったものだったことが思い起こされる。

近年、急速に注目されるようになった国際バカロレアのディプロマ・プログラム（ＤＰ）でも、文学を単なる読解の材料に終わらせない。「言語Ａ：文学」の試験に象徴されるように、二時間かけて初見の作品を解釈し、論評を執筆する。ここで目指されているのは、「高度な『文学批評』の能力」だ。[41]読解のための一文種として文学を扱うのではなく、文学を探究し、批評する能力を身に付けるための学習方法や理念そして評価システム等、ＤＰにはこれからの時代の文学の教育が学び取るべきものが多く含まれている。[42]

こうした批評性を培うための教材としては、小説や詩だけではなく、例えば、マンガ等のサブカルチャーにも可能性がある。東京の高校教師、森大徳は、こうの史代の「夕凪の街」を教材化し、マンガを文学作品と同じように、「何が書かれているか」だけでなく「どのように書かれているか」に視点を置いて読み解くことで、豊かな文学体験の成立を目指した。マンガのコマの働きや、人物のセリフの言い回しといった細部の分析によって、「きわめて文学的で質の高い解釈」が生まれたという。[43]小説や物語とマンガとを同質に扱った本格的な授業実践といっていい。教材はマンガだが、これも今日的な意味での文学教育と呼びうる実践ではないだろうか。

戦後文学教育も、広い意味では批評性を追求してきたと言っていいだろう。文学を通じて学習者が生きている外的状況と内部の状況の双方をみる眼を養うことを「状況認識」と呼んだ大河原忠蔵は、土門拳のリアリズム写真や自作の映像作品を教材に、学習者の文学的認識を鍛えようとした。

感性ぐるみの認識から「文体づくり」へと文学教育構造化を志向した熊谷孝等、かつての文学教育が目指したものは、広くいえば学習者の批評性だ。文学教材を扱ってさえいれば、文学教育になるのではない。

もう一つ、文学が担うのは創造性だ。創作は、特別な才能を持ったものにしかできないわけではない。作家の田丸雅智は、子どもから大人までの幅広い層に、ショート・ショートの書き方講座を開き、作品づくりのコツを教えてきた。その一端は、二〇二〇年版の小学校国語教科書（『ひろがる言葉　小学国語　四年上』）にも掲載された。文学を創ることは、誰でも可能だ。想像から創造へのスリリングな体験は、新たなものを発想したり、これまでの常識とは違う角度からアイデアを生み出したりするために、きわめて有効な学習になるだろう。何より、自ら文学を創り出す経験は、文学を読むことがそもそも創造的な営みであることに気付かせるだろう。

創造的な発想や思索は、ＡＩ時代の人間に求められる能力である。文学を読解の材料として理解する教育から、能動的に、そして自在に読むことへ、さらには、自ら文学を生み出すことまでを射程に入れた教育への転回は、「言語の教育」としての国語科に厚みと奥行きをもたらすだろう。

歴史を辿る航海は、ひとまず現在の地点にまで戻ってくることができた。ここから先、どのような荒波が待っているのかは誰にもわからないが、おそらく、その航路は、いろいろな可能性をもっているはずだ。もちろん、いつか来た道を再び辿り直し、同じ所をぐるぐると回り続ける可能性も否定はできない。

だが、ひょっとすると未知の大陸を発見するような、新大航海時代を迎えることになるかもしれないのだ。

注

1　例えば、読売新聞は「日本の十五歳、学力トップ陥落　読解力十四位に急低下　四一か国・地域調査」（二〇〇四年一二月七日付け・東京夕刊）の見出しで大々的に報じている。

2　文部科学省「ＰＩＳＡ調査（読解力）の公開問題例」（二〇〇五年一月）http://www.ocec.ne.jp/linksyu/pisatimss/dokkairyoku.pdf（最終アクセス　二〇二〇年一〇月二五日）

3　ＰＩＳＡ「読解力」調査において言語活動の場面が重視されるのは、読まれるコンテクストを前景化するためである。「コンテクスト」については、桑原隆「言語生活――主体的言語活動のコンテクスト――」（『月刊国語教育』No.五一五、日本国語教育学会、二〇一五年三月）参照。

4　文部科学省「読解力向上プログラム」（二〇〇五年十二月）

5　笠井正信「文学の〈読み〉の授業づくり」『文学の教材研究　〈読み〉のおもしろさを掘り起こす』（教育出版、二〇一四年三月）二六頁

6　黒田英津子「言葉に出会い、作品世界を楽しむ文学の授業」（『月刊国語教育研究』No.五一四、二〇一五年二月）十一頁

7　吉田裕久「単元学習の方法」（日本国語教育学会監修『豊かな言語活動が拓く国語単元学習の創造　Ⅰ理論編』東洋館出版社、二〇一〇年八月）七四～七五頁

8　当時のアクティブ・ラーニングと称する授業実践の問題点については、幸田国広「『資質・能力の育成』をめざす高校国語科の学習指導」（大滝一登・幸田国広編著『変わる！高校国語の新しい理論と実践』大修館書店、二〇一六年一一月）を参照されたい。
9　松本修「第4章　読みの交流を成立させる学習課題の条件」（松本修編著『読みの交流と言語活動』玉川大学出版部、二〇一五年一二月）四三～四五頁
10　新井紀子『AI vs 教科書が読めない子どもたち』（二〇一八年二月）
11　注10に同じ、一九六頁
12　大山文緒「教科書とことば」（みんなで国語の教科書を読む会編『「ことば」をひらく　国語教室の現場から』同時代社、一九九二年十月）七七頁
13　朝日新聞「入試に小説、なぜ出ない？」（二〇一一年十二月六日朝刊）
14　中村敦雄「表現教材は定番教材に添えられたパセリでいいのか」（『現代教育科学』四八六号、明治図書、一九九七年四月）三〇頁
15　山田礼子『一年次（導入）教育の日米比較』（東信堂、二〇〇五年十二月）
16　古郡廷治「論壇　大学生の国語力を憂う」（『朝日新聞』一九九九年六月十日）等。
17　島田康行『「書ける」大学生に育てる』（大修館書店、二〇一二年七月）一七九頁
18　国立教育政策研究所「キー・コンピテンシーの生涯学習政策指標としての活用可能性に関する調査研究」参照。https://www.nier.go.jp/04_kenkyu_annai/div03-shogai-lnk1.html　（最終アクセス、二〇二〇年十月三〇日）
19　文化庁「これからの時代に求められる国語力について」（文化審議会答申、二〇〇四年二月）
20　教育課程審議会「教育課程の基準の改善の基本方向について（中間まとめ）」（一九九七年十一月）
21　田中孝一「二十一世紀をひらく高等学校国語科教育の基本方向」（甲斐睦朗・田中孝一監修『高校国語教育

――二一世紀の新方向――』明治書院、一九九九年三月）十七頁

22 大平浩哉「今次改訂の国語教育史的位置――ルネサンスとしての高校国語教育の改善――」（甲斐睦朗・田中孝一監修『高校国語教育――二一世紀の新方向――』明治書院、一九九九年三月）七四頁

23 「多様な読み」の価値観が表面的に広がったことは、文学の読み方にまた別の問題をもたらし始めた。近代文学研究者の田中実は、このことを「エセ読みのアナーキー」や「和風てくすと論」と呼び、正解主義と正解主義批判の双方を乗り越える文学研究・教育の在り方を主張した（『小説の力』大修館書店、一九九六年二月）。

24 清水良典「漱石・鷗外の消えた教科書、問題は定番化求める現場」（『朝日新聞』夕刊、二〇〇二年九月十九日）。後に石原千秋はこのときのマスコミ報道を「確信犯的な『誤報』」とし、これに対して清水良典だけが「冷静な対応」をしていたと評している（『国語教科書の思想』ちくま新書、二〇〇五年一〇月）。

25 「平成十七年度高等学校教育課程実施状況調査」生徒質問紙調査　国語総合　質問2（13）（14）https://www.nier.go.jp/kaihatsu/katei_h17_h/index.htm（最終アクセス、二〇二一年二月二八日）

26 「討論座談会　国語教育における古典と現代」（『言語と文芸』第五巻一号、国文学言語と文芸の会、一九六三年一月）における益田勝実の発言。

27 鳴島甫「高等学校『古典A』で何を学習させるか――古典を能動的に楽しもう――」（『日本語学』vol.三四‐八、明治書院、二〇一五年七月）十三頁参照。

28 例えば、『月刊国語教育』（東京法令、一九九六年十月号）では、「特集　挑発的ディベート推進講座」が組まれ、全十種の実践事例の紹介等とともに、「ディベートは国語科の有力な学習指導法である」という論題で、識者四名による紙上ディベートが掲載されている。

29 「国語表現」教科書の変遷を見ていくと、二〇〇〇年代以降、アイデアを出し合うブレイン・ストーミング、話し合いで出された意見の整理の仕方、全員参加を促す司会の機能等、話し合いも目的に応じた多様な形態や進め方があることが具体的に盛り込まれていった。また、「話し合い」のためには、前提として学習者同士の

関係づくりが必要になる。そのために、アイスブレイキングなどもコミュニケーションのための学習の一環として位置づけられるようになっている。全体的に、相手意識や場面意識等のコンテクストが重視されるようになってきている。

30　永野賢『感動中心の文学教育批判――文法論的文章論の役割――』（明治図書、一九九八年七月）一一八頁

31　井上尚美『言語論理教育入門――国語科における思考――』（明治図書、一九八九年七月）三二～三三頁

32　トゥールミン・モデルとは、イギリスの分析哲学者スティーブン・トゥールミン（Stephen Edelston Toulmin、一九二二～二〇〇九）が提唱した論証モデルのこと。一般意味論は、「地図は現地ではない」ことへの自覚、つまり、言語などの表現方法によってどのように現実が構成されているかに自覚的になるためのトレーニングのこと。アルフレッド・コージブスキー（Alfred Korzybski、一八七九～一九五〇）が提唱したもの。特に、前者は近年の国語科で再注目されており、鶴田清司や河野順子等によって様々な応用が提案されている。

33　奥泉香「メディア・リテラシー教育の実践が国語科にもたらした地平」（浜本純逸監修・奥泉香編『ことばの授業づくりハンドブック　メディア・リテラシーの教育　理論と実践の歩み』渓水社、二〇一五年五月）十六頁

34　難波博孝「『日常の論理』の教育のための準備――論証／説明／感化の論理の区別とその内実――」（『初等教育カリキュラム研究』二号、広島大学大学院教育学研究科初等カリキュラム開発講座、二〇一四年三月）。同論文中で難波は、「感化の論理」とは、「筆者の意見が書かれていて、かつ、その意見は広く真であるとは認められているわけではない、むしろ世の中の逆をいくような意見を持ち、そして、その意見を厳密に論証しようとはしていない」論理と説明している。このタイプの論理は、高等学校の評論教材に多く採録されており、その代表として「水の東西」を挙げている（五八頁）。

35　「〈対談〉新井紀子×野矢茂樹　生きるための論理」（『国語教室』No.一〇九、大修館書店、二〇一九年二月）

36 野矢茂樹『大人のための国語ゼミ』山川出版社、二〇一七年七月）四頁
37 浜本純逸「国語教育のリノベーション」（『月刊国語教育研究』No.五七二、日本国語教育学会、二〇一九年十二月）一頁
38 注37に同じ
39 工藤勇一『学校の「当たり前」をやめた。生徒も教師も変わる！公立名門中学校長の改革』（時事通信社、二〇一八年十二月）
40 ジェニ・ポラック・デイ他著、山元隆春訳『本を読んで語り合うリテラチャー・サークル実践入門』（渓水社、二〇一三年十月）一七〇頁
41 半田淳子「国際バカロレアと「国語」教育」（半田淳子編著『国語教師のための国際バカロレア入門――授業づくりの視点と実践報告』大修館書店、二〇一七年十二月）十七頁
42 高松美紀「国際バカロレアの検討による「グローバル人材育成」への示唆――ディプロマ・プログラム言語Aの実践に焦点を当てて――」（『国際理解教育Vol.二五』日本国際理解教育学会、二〇一九年六月）では、グローバル化における教科内容や評価システム等に多くの示唆を与えるＩＢＤＰの特性が詳細に論じられている。
43 森大徳「マンガを文学作品として読む――こうの史代「夕凪の街」教材化の試み――」（早稲田大学教育総合研究所監修『学校教育におけるマンガの可能性を探る』早稲田教育ブックレットNo.十八、学文社、二〇一八年三月）

【附録】学習指導要領の変遷

※小改訂・部分改訂は除く　※必履修◎、選択必履修○

年（年号）	学習指導要領	特徴・キーワード	国語科の領域構成	高校科目構成
一九四七（昭和二二）	学習指導要領（試案）	Course of Study、経験主義教育観、社会科、家庭科、「自由研究」の設置	話すこと（聞くことをふくむ） つづること（作文） 読むこと（文学をふくむ） 書くこと（習字をふくむ）	
一九五一（昭和二六）	小・中・高等学校学習指導要領（試案）	「自由研究」に代わり、「教科以外の活動」（小）、「特別教育活動」（中高）の新設、国語能力表	聞くこと 話すこと 読むこと 書くこと （文法、漢文）	国語（甲）（◎） 国語（乙） 漢文

一九五六（昭和三一）	高等学校学習指導要領	普通課程の特色、各科目内容の明確化	読むこと、書くこと、聞くこと、話すこと	国語（甲）（◎） 国語（乙） 漢文
一九五八（昭和三三） 一九六〇（昭和三五）	小中学校学習指導要領 高等学校学習指導要領	基礎学力の充実、科学技術教育の向上、系統的な学習の重視	A（聞くこと、話すこと） （読むこと） （書くこと） Bことばに関する事項	現代国語（◎） 古典甲（○） 古典乙Ⅰ（○） 古典乙Ⅱ
一九六八（昭和四三） 一九六九（昭和四四） 一九七〇（昭和四五）	小学校学習指導要領 中学校学習指導要領 高等学校学習指導要領	教育内容の一層の向上、教育内容の現代化、必修「クラブ活動」（中高）の新設	A聞くこと、話すこと B読むこと C　書くこと ことばに関する事項	現代国語（◎） 古典Ⅰ甲（◎） 古典Ⅰ乙 古典Ⅱ

一九七七 （昭和五二） 一九七八 （昭和五三）	小中学校学習指導要領 高等学校学習指導要領	ゆとりある充実した学校生活の実現、習熟度別学級編成の導入（高校）	A表現 B理解 〔言語事項〕	国語Ⅰ（◎） 国語Ⅱ 国語表現 現代文 古典
一九八九 （平成元）	小・中・高等学校学習指導要領	社会の変化に自ら対応できる心豊かな人間の育成、新しい学力観、「生活科」の新設	A表現 B理解 〔言語事項〕	国語Ⅰ（◎） 国語Ⅱ 国語表現 現代文 現代語 古典Ⅰ 古典Ⅱ 古典講読
一九九八 （平成一〇） 一九九九 （平成一一）	小中学校学習指導要領 高等学校学習指導要領	「生きる力」の育成、教育内容の厳選、「総合的な学習の時間」の新設	A話すこと・聞くこと B書くこと C読むこと	国語表現Ⅰ（○） 国語表現Ⅱ 国語総合（○） 現代文

			〔言語事項〕	古典 古典講読
二〇〇八（平成二〇） 二〇〇九（平成二一）	小中学校学習指導要領 高等学校学習指導要領	思考力・判断力・表現力等の育成、授業時数の増、 言語活動の充実	A話すこと・聞くこと B書くこと C読むこと 〔伝統的な言語文化と国語の特質に関する事項〕	国語総合（◎） 国語表現 現代文A 現代文B 古典A 古典B
二〇一七（平成二九） 二〇一八（平成三〇）	小中学校学習指導要領 高等学校学習指導要領	資質・能力の育成、主体的・対話的で深い学び、 「総合的な探究の時間」 （高校）の新設	〔知識及び技能〕 〔思考力・判断力・表現力等〕 A話すこと・聞くこと B書くこと C読むこと	現代の国語（◎） 言語文化（◎） 論理国語 文学国語 国語表現 古典探究

あとがき

大修館書店編集部の山田豊樹さんから本書の企画の打診を受けたのは、二〇一八年の秋でした。その直前に開催された全国大学国語教育学会第一三五回東京ウォーターフロント大会（武蔵野大学）のシンポジウムでの私の発表に着想を得られたとのことでした。研究室に訪れた山田さんから、「過去に文学をめぐる考え方や議論にどのようなものがあったのか、ぜひ現場の先生方や教職課程の学生さんなどに知ってほしいと思いました」とご提案いただいたときは、とても驚きました。ちょうどその頃、まとめかけていた国語教育史に関する仕事を、どのような形にするか悩んでいたので、このご提案は天啓のようにも思えました。

本書は、二〇一三年以降発表してきた次のような仕事を基にしています。

○「戦後小学校国語教科書におけるキツネ表象の変遷――高度経済成長と言語文化の深層――」（国語教育史学会『国語教育史研究』第一四号、二〇一三年三月）

○「『定番教材』の誕生――『羅生門』教材史研究の空隙――」（全国大学国語教育学会『国語科教育』第七四集、二〇一三年九月）

○『走れメロス』教材史における定番化初期の検討――道徳教育と読解指導に着目して――」（日本読書学会『読書科学』第五六巻二号、二〇一五年一月）
○『鑑賞』の史的把握――西尾実『鑑賞』概念の再検討を通して――」（全国大学国語教育学会『国語科教育』第七八集、二〇一五年九月）
○『文学入門』の時代――一九五〇年代国語教科書における文学論教材の機能――」（日本国語教育学会『月刊国語教育研究』五三一号、二〇一六年七月）
○「国語教科書における戦争平和教材の位相――概念の生成から任意性の湧出まで――」（国語教育史学会『国語教育史研究』第一七号、二〇一七年三月）
○「歴史的な視点から考える『文学国語』」（全国大学国語教育学会『国語科教育』第八五集、二〇一九年三月）
○「誤解の構造――読解指導成立期の沖山光――」（古閑章編『新薩摩学15　古閑章教授退職記念号　これからの学問のエッジを極める』南方新社、二〇二〇年八月）

前著（『高等学校国語科の教科構造――戦後半世紀の展開』）で宿題としていた教材史の研究を、高校だけでなく小中学校にも広げながら、戦後の「読むこと」に関わる思潮を捉え直し、読まれ方の変遷と教材採録の傾向との相関を少しずつ解き明かしてきました。これらの仕事はもう少し早くまとめる予定でしたが、あれこれ考えるうちに時間ばかりが過ぎていきました。そこに、本書の企画が差し出されたのです。

草稿が完成したのは、新型コロナウイルス感染拡大第一波の最中でした。その後、検討を重ね、第三波が収まりかけた頃に概ね本文が固まりました。実は、その一年間は勤務大学から特別研究期間をいただき時間にゆとりがあった一方、ステイホームとほとんど変わらず、外に出かけていく研究や新しい企画はほとんど断念するほかなく、複雑な心境で過ごしていました。

しかし、こうして本書を形にできたことは、堪え忍んだ自粛の対価としてあまりある恩恵です。この貴重な機会を与えてくださった大修館書店に、改めて厚く御礼申し上げます。

また、研究室の院生たちにもお礼を言わなければなりません。日々のゼミでの議論が本書の細部に生きています。そして、器用そうに見えながら実は不器用でそそっかしい私が、どうにかここまで仕事を続けてこられたのも、家族の支えがあったからこそです。どうもありがとう。

なお、この度も公益財団法人教科書センター附属教科書図書館には、図版を含めてご高配いただきました。記して感謝申し上げます。

二〇二一年　七月

幸田　国広

人名索引

事項索引

[著者紹介]

幸田国広（こうだ　くにひろ）
1967年、東京都生まれ。早稲田大学教育・総合科学学術院教授。博士（教育学）。国語教育史学会運営委員長。NHK高校講座（Eテレ）「国語表現」番組委員（監修・出演）。主な著書に、『高等学校国語科の教科構造　戦後半世紀の展開』（溪水社）、『文学の教材研究　〈読み〉のおもしろさを掘り起こす』（共著、教育出版）、『シリーズ国語授業づくり――高等学校国語科――新科目編成とこれからの授業づくり』（共編著、東洋館出版社）、『ことばの授業づくりハンドブック　探究学習――授業実践史をふまえて――』（編著、溪水社）など多数。

国語《こくご》教育《きょういく》は文学《ぶんがく》をどう扱《あつか》ってきたのか

NDC375／271p／19cm

初版第1刷――2021年9月10日

著者――――幸田国広《こうだくにひろ》

発行者―――鈴木一行

発行所―――株式会社 大修館書店

〒113-8541　東京都文京区湯島2-1-1

電話03-3868-2651（販売部）03-3868-2291（編集部）

振替00190-7-40504

[出版情報] https://www.taishukan.co.jp

装丁者―――小島トシノブ

印刷所―――広研印刷

製本所―――ブロケード

ISBN978-4-469-22274-6

変わる！高校国語の新しい理論と実践

――「資質・能力」の確実な育成をめざして

大滝一登・幸田国広［編著］

新しい時代に向かう、高校国語の最先端！

学習指導要領改訂、高大接続改革…。一大転機を迎える教育現場において、高校国語をどのように捉え、どのような指導を行っていけばよいのか。新学習指導要領の理念を踏まえて書かれた「理論編」と、実際に行われた授業実践を紹介した「実践編」を中心に、新時代の国語教育の指針を示す。

A5判・二二四頁

定価二四二〇円（本体二二〇〇円＋税一〇％）

大修館書店